AVANT-PROPOS

Intro -

La psychologie de l'éducation pourrait être conçue comme un domaine de la psychologie dont l'objet d'étude est l'élève, c'est-à-dire, au sens large, un individu inséré dans un processus d'éducation. Une conception alternative considérera que la psychologie de l'éducation peut revendiquer toute étude qui, de près ou de loin, traite des structures et des mécanismes psychologiques susceptibles d'intervenir dans une situation d'éducation. Dans cette optique, sachant que l'éducation met en jeu les conduites psychologiques de l'individu dans leur ensemble, la psychologie de l'éducation devient le carrefour de toutes les spécialités de la psychologie contemporaine : développement, cognition, personnalité, conduites sociales, etc.

L'ouvrage présent s'inscrit dans cette version large de la psychologie de l'éducation. Aussi, contraints à la sélection, avons-nous opéré une double centration. En premier lieu, notre propos privilégie le thème de l'apprentissage qui est la question centrale de l'éducation. L'objectif est de présenter une analyse des dimensions cognitives et sociocognitives de l'apprentissage à partir des propositions des principaux courants de psychologie. La perspective générale qui couvre plusieurs chapitres est complétée par une approche différentielle. Nul n'ignore en effet le poids des différences entre les élèves dans les domaines de la cognition et de la motivation. En second lieu, une place prééminente est accordée à l'approche de la psychologie cognitive, aujourd'hui dominante dans le champ des apprentissages.

Cette orientation permet, d'une part, de couvrir plusieurs thèmes cruciaux pour l'éducation – mémoire, connaissances, stratégies – et, d'autre part, de proposer une information sur les apprentissages scolaires fondamentaux : lecture-compréhension, production écrite, apprentissages numériques.

Présenter les orientations actuelles de la psychologie en matière d'éducation oblige à faire appel à une grande diversité de domaines et de notions. Par souci de clarification, notre démarche n'a été ni la synthèse ni moins encore l'impossible exhaustivité, mais la réunion de théories et de travaux pouvant contribuer au mieux à l'information et à la formation du lecteur, éventuellement non psychologue, intéressé par l'éducation scolaire.

INTRODUCTION

L'éducation cherche à modeler le comportement, les attitudes, les savoirs et les valeurs des membres d'une société donnée. Elle le fait en fonction de deux grandes catégories de considérations : les fins poursuivies et les capacités des individus auxquels elle s'adresse.

Les objectifs que s'assigne une société n'ont qu'exceptionnellement un caractère explicite. Ils ne sont pas facilement définissables par les membres de cette société qui tendent à les ressentir ou à les pressentir plus qu'à les verbaliser. Certaines sociétés, notamment occidentales, ont développé au cours de l'histoire des institutions ayant explicitement pour objectif la modification ou le façonnement des comportements et des modes de penser et de ressentir. L'école appartient à ces institutions. Elle partage avec elles la fonction de contrôle des comportements et attitudes, même si ces fins ne sont pas celles qui sont mises en avant par l'institution elle-même, ou en tout cas pas sous cette forme. En effet, l'orientation technologique de nos sociétés conduit à privilégier dans les discours officiels et dans l'imaginaire social les objectifs ayant trait aux savoirs et aux savoir-faire. Les Instructions officielles constituent un bon exemple de cette focalisation sur les aspects intellectuels des objectifs poursuivis, même si au gré des périodes d'autres préoccupations s'y font jour. Cela ne signifie nullement que les autres savoirs et savoir-faire ont disparu. L'absence de formulation les concernant peut traduire soit une absence de consensus sur les finalités, soit au contraire un accord général rendant inutile l'explicitation. Il n'empêche que ces objectifs subsistent et que l'école contribue à leur atteinte.

La mise en évidence et l'analyse critique des objectifs poursuivis par les sociétés et les institutions de type scolaire relèvent de la sociologie et de l'histoire. Nous n'y reviendrons donc pas. En revanche, comme nous l'avons évoqué plus haut, l'éducation poursuit ses objectifs en prenant en considération les capacités des individus auxquels elle s'adresse. Elle le fait évidemment en fonction des objectifs eux-mêmes. Ainsi, dans une société dominée par une élite régnant sur des esclaves, l'éducation de ces derniers ne vise qu'à s'assurer de leur docilité (attitude) et de leurs habiletés à exécuter les tâches (comportement) conçues et contrôlées par d'autres. L'investissement éducatif se trouve d'autant réduit. La formation des élites requiert, elle, une tout autre attention. Elle peut d'ailleurs être conduite par des précepteurs assurant une individualisation extrême de l'apprentissage et de l'instruction. Le problème se pose tout autrement lorsqu'une société « se vit » comme en progrès et cherche à dispenser à tous ses membres une éducation qui, d'une part, leur inculque les valeurs démocratiques et la croyance dans les bienfaits du progrès technologique et, d'autre part, les dote de savoirs et savoir-faire garantissant l'autonomie dans les choix de vie et dans les moyens de les atteindre. C'est là que peut intervenir la psychologie. Son apparition en Occident aux XIXe-XXe siècles atteste de la relation étroite qu'elle entretient avec nos sociétés démocratiques et technologiques.

La psychologie apparaît d'abord dans le champ de l'éducation par le biais des tests. L'objectif affiché est de détecter aussitôt que possible les enfants qui ne sont pas en mesure de suivre une scolarité « normale », cela afin de leur assurer une formation spécifique. Les instruments élaborés à cette fin font une large place aux connaissances culturelles et à l'adaptation à la vie quotidienne, comme l'attestent les épreuves issues du Binet-Simon, premier test au monde. Le soubassement théorique des épreuves s'avère restreint : des échelles essentiellement descriptives permettent de situer un individu soit parmi ses pairs, soit en fonction de son niveau de développement. L'évaluation diagnostique vise une prédiction du comportement et de la réussite : il s'agit d'estimer dans quelle mesure un enfant ou un adolescent pourra atteindre tel ou tel niveau de performance.

Elle reste aujourd'hui encore une fonction importante assurée par les psychologues au sein de l'institution scolaire. L'impact en retour du diagnostic sur l'élaboration de programmes et la conduite des apprentissages sera plus tardif et problématique.

Les travaux de Piaget et de ses épigones introduisent environ cinquante ans plus tard une perspective radicalement nouvelle. L'enfant se trouve désormais placé « au centre » des préoccupations des psychologues de l'éducation et même du système éducatif dans son ensemble. L'accent est mis sur les capacités cognitives sous-jacentes lui permettant de comprendre les situations et de bénéficier (ou non) de certains enseignements. Tout se passe comme si le développement de l'enfant suivait une course autonome, peu ou pas sensible aux influences langagières, sociales et culturelles fournissant les bases indispensables pour les apprentissages. Dans une telle perspective, la détermination du niveau de développement (en fait niveau opératoire) devient cruciale puisque ce niveau conditionne la possibilité pour l'enfant de bénéficier de tel ou tel apport de connaissances et de mettre en œuvre tel ou tel mode de fonctionnement. L'un des exemples les plus connus concerne le nombre : l'accès à la conservation serait déterminant pour la compréhension de la cardinalité et des opérations arithmétiques. Les usages antérieurs du comptage et du dénombrement ne seraient que des manifestations verbales sans intérêt et sans impact. La psychologie s'est ainsi trouvée pendant une brève période en position de déterminer, au moins pour certains secteurs disciplinaires, les contenus à (ou à ne pas) enseigner et leur progression.

La psychologie de l'éducation se trouve aujourd'hui dans une position très différente des deux situations précédemment évoquées. Les recherches d'une part, la pratique enseignante d'autre part, ont mis en évidence que : 1) les échelles dites de développement comportent une part très importante d'items faisant appel à des connaissances culturelles, aussi n'évaluent-elles pas une maturation indépendante des influences du milieu, même si certaines épreuves sont moins sensibles à ces influences (les *Progressive Matrices*, par exemple) ; 2) certaines activités scolaires présentent des difficultés spécifiques, non liées au quotient intellectuel ; ainsi l'apprentissage de la lecture se conclut par un échec chez des élèves normalement, voire supérieurement doués, les dyslexiques ; 3) le niveau intellectuel mesuré par les tests augmente régulièrement depuis une cinquantaine d'années, ce qui conduit à s'interroger sur les origines de cet accroissement et, de fait, sur les rapports qu'entretiennent des capacités potentiellement définissables indépendamment des influences du milieu et les sollicitations, apports et sanctions de ce milieu.

Ces interrogations ont conduit la psychologie cognitive à étudier un certain nombre d'activités complexes telles que la lecture, la composition écrite, la numération, la résolution de problèmes, mais aussi, ce qui est moins connu, la musique ou le dessin. Ces études ont mis en évidence des faits qui fournissent des éclairages souvent nouveaux et fondamentaux pour les apprentissages scolaires. Ainsi, l'importance du principe alphabétique pour l'acquisition de la lecture : la capacité à associer des unités sonores (les phonèmes) et graphiques (les graphèmes) conditionne le bon déroulement de l'acquisition. En accord avec ce constat, des activités conduites en école maternelle et favorisant la prise de conscience de la structure de la langue orale améliorent l'apprentissage et préviennent une partie des échecs (voir la publication récente de l'Observatoire national de la lecture, 1998). En d'autres termes, les recherches en psychologie cognitive ont non seulement contribué à accroître notre compréhension des difficultés de certains apprentissages scolaires, elles ont permis de concevoir des activités et des instruments susceptibles dans une certaine mesure – modeste mais réelle – de prévenir des échecs. L'ouvrage qu'on va lire fournit de nombreuses illustrations des travaux effectués dans cette perspective et de leur possible réinvestissement dans le champ éducatif.

Dans le même temps, d'autres travaux, moins directement liés à l'étude des acquisitions scolaires, ont mis en évidence l'existence de capacités d'apprentissage surprenantes chez les êtres humains, depuis le nouveau-né jusqu'à la personne âgée. Ainsi, il a été montré que des adultes confrontés à une série de configurations régulières mais très complexes de points, de couleurs, de sons successifs sont capables d'en repérer les régularités et de s'en servir pour adapter leur comportement. Le fait que le repérage de ces régularités s'effectue souvent sans prise de conscience ni verbalisation est du plus haut intérêt. Il s'ensuit parfois que les individus savent sans le savoir. Ce type d'apprentissage correspond à la très grande majorité des situations de la vie courante. C'est ainsi que nous savons marcher, parler, saluer nos contemporains, acheter dans les magasins sans être en mesure d'expliquer en détail comment nous procédons. Ces apprentissages « sur le tas » concernent particulièrement la vie courante et la vie professionnelle. Ils s'appliquent aussi à certains aspects de la scolarité. Par exemple, si les débuts de l'apprentissage de la lecture sont hautement organisés et contrôlés, les acquisitions ultérieures s'effectuent par le contact actif et prolongé avec les textes. C'est l'activité de lecture elle-même qui devient le moteur des acquisitions de vocabulaire, d'orthographe et de syntaxe. Et cela sans que les individus en soient nécessairement conscients. Là encore, les psychologues peuvent aider à concevoir des matériels et des activités susceptibles de favoriser de tels apprentissages.

Un autre domaine enfin a considérablement évolué au cours des deux dernières décennies, celui qui s'attache à l'impact des situations sociales sur la réussite scolaire. Les travaux conduits notamment par l'équipe de Clermont-Ferrand ont apporté des éclairages nouveaux permettant de comprendre pourquoi, et surtout comment, les élèves en échec tendent à échouer (voir chapitre II). La réponse « naïve » à cette question est simple : ils sont faibles, dit-on, voire mauvais. Or, placer des individus en situation d'échec institutionnel pour certains et de réussite pour d'autres entraîne des modifications de comportement trop complexes à décrire ici mais qui montrent sans ambiguïté que les uns comme les autres ne réussissent ou n'échouent pas simplement parce qu'ils sont respectivement « bons » et « mauvais ». Là encore, la compétence technique des psychologues est un outil précieux pour aider les élèves en difficulté à surmonter et dépasser leurs échecs et pour prévenir la chute de performances d'enfants confrontés à des problèmes.

Les quelques exemples que nous avons développés montrent, parmi beaucoup d'autres, que la psychologie scientifique est aujourd'hui en mesure d'apporter une aide technique à la résolution de problèmes liés à l'éducation. Cette aide ne constitue pas une application directe des acquis de la recherche à la pratique. Elle inclut, plus modestement mais plus efficacement, un corps de connaissances et d'instruments susceptibles d'être adoptés et adaptés par les enseignants en vue de la construction d'activités qui restent sous leur responsabilité et qui dépendent de leurs capacités propres à intégrer les différentes contraintes qui existent dans la conduite quotidienne de la classe. Cette aide ne consiste pas non plus, comme on a pu le penser ou le faire à un certain moment, à dire ce qui doit être proposé aux élèves d'un certain niveau ou d'un certain âge.

Au total, l'apport de la psychologie à l'éducation doit être envisagé à travers les capacités de cette discipline à permettre : 1) de diagnostiquer les difficultés mais aussi les habiletés spécifiques de tels ou tels élèves ; et 2) de proposer des activités destinées soit à prévenir les échecs en préparant les acquisitions, soit à remédier aux problèmes qui surgissent inévitablement ici ou là et dont l'essentiel est qu'ils ne se « cristallisent » pas au point que l'élève se vive comme intrinsèquement et définitivement « mauvais ». C'est par les compétences techniques qu'elle a élaborées au cours du siècle écoulé que la psychologie (et les psychologues) peut le mieux contribuer à diagnostiquer les difficultés, à proposer des activités mais aussi à concevoir des situations ou des outils pédagogiques nouveaux, adaptés de résultats de la recherche et mis à disposition des enseignants qui restent les maîtres d'œuvre quant à leur utilisation. Ces fonctions d'aide à l'ingénierie pédagogique ne sont pas exclusives d'autres, plus traditionnelles. Elles suggèrent simplement que les psychologues pourraient voir étendu leur rôle dans les équipes pédagogiques. Elles suggèrent aussi que les psychologues pourraient être consultés lors de l'élaboration des programmes et progressions, même s'ils ne peuvent se substituer au politique qui, seul, a vocation à exprimer les objectifs de la société.

Michel Fayol

Chapitre I

LES COMPOSANTES COGNITIVES DE L'APPRENTISSAGE

Chacun s'accorde pour attribuer à l'individu une capacité essentielle : la capacité d'apprendre. Cependant, les points de vue divergent quant à la nature des apprentissages. Pour les béhavioristes, les apprentissages sont régis par un certain nombre de lois générales qui peuvent être découvertes à partir des seuls faits observables. L'apprentissage est défini comme la modification du comportement par l'expérience et l'étude des apprentissages comme une science du comportement. Cependant, la nécessité d'aller au-delà des phénomènes observables et de se préoccuper des processus mentaux qui sous-tendent les comportements s'est progressivement imposée aux psychologues. Le concept de comportement s'est trouvé peu à peu délaissé au profit des concepts de connaissance et de représentation. C'est dans cette nouvelle perspective que se sont inscrites successivement la théorie piagétienne et l'approche cognitive du traitement de l'information.

I – Le béhaviorisme ou l'approche comportementaliste

Apprentissage et comportement

Le béhaviorisme [1] a été à la fois une révolution méthodologique (étude des seuls faits observables) et une théorie de l'apprentissage. Issu de la physique classique, le modèle de l'apprentissage est de type associatif : S ⟶ R. Des *Stimulations* (externes) parviennent à l'individu qui produit des *Réponses* (internes ou comportementales). L'installation de nouveaux comportements par la répétition des associations S-R définit l'*apprentissage par conditionnement*.

Celui-ci est envisagé comme un processus mécanique dans lequel le répertoire de comportements de l'apprenant est déterminé par les *renforcements* rencontrés dans l'environnement. Les « bonnes » réponses sont récompensées et reproduites, les « mauvaises » réponses sont punies et abandonnées. Un tel processus constituerait une forme élémentaire d'apprentissage dont le champ d'application concernerait aussi bien le développement des habitudes ou les phénomènes comportementaux en rapport avec les émotions que les apprentissages complexes.

Le conditionnement instrumental (Burrhus F. Skinner, 1904-1990) se distingue du conditionnement classique en considérant l'individu comme actif. L'apprenant établit lui-même la relation entre deux événements, un comportement et une réponse ou renforcement. Si le comportement procure une satisfaction, il sera reproduit. Dans le cas contraire, il sera abandonné. Cette conception de l'apprentissage a fourni à Skinner les principes de l'*enseignement programmé* [2].

Apports et limites du béhaviorisme

Le schéma S-R a permis de faire des progrès incontestables dans la connaissance des lois fonctionnelles élémentaires régissant les apprentissages simples. Mais il constitue une réduction de la réalité

1. De l'américain béhavior (= comportement), terme choisi par Watson (1924) pour dénommer la psychologie du comportement.

2. L'enseignement programmé consiste en un découpage de la matière à enseigner en unités aussi élémentaires que possible qui sont proposées à l'apprenant dans un ordre de difficulté croissante.

psychologique. Le fait d'avoir été, en partie au moins, mis à l'épreuve sur le comportement animal, et principalement sur des conduites motrices, en limite la portée. Excluant de son analyse les processus mentaux des individus, en refusant de s'intéresser à la *boîte noire* qui en est le siège, le béhaviorisme ne permet pas de rendre compte des apprentissages complexes, telle l'acquisition du langage. Il s'interdit de constituer une véritable psychologie de la compétence pour s'en tenir à une psychologie de la performance.

Le béhaviorisme met l'accent sur la dimension quantitative des savoirs. D'où le morcellement des contenus et des tâches d'apprentissage ainsi que la hiérarchisation des connaissances à acquérir dans un ordre linéaire et cumulatif, souvent sans vue d'ensemble. Cette conception présente au moins deux inconvénients. D'une part, elle s'avère peu propice à la constitution de savoirs généraux et rend difficiles leur intégration et leur récupération en mémoire. D'autre part, elle néglige les conditions dans lesquelles les acquisitions sont réalisées. Or, il est rapidement apparu que les procédures et les stratégies mises en œuvre par l'apprenant occupent une place essentielle dans la réussite de ses apprentissages.

II – L'APPROCHE PIAGÉTIENNE

La psychologie cognitive prend le contre-pied de la conception béhavioriste et tente de construire une science de la cognition en étudiant le système cognitif, sa structure et son fonctionnement. Centrée sur les activités mentales de l'individu et les structures qui les soustendent –, et non plus seulement sur les variations de l'environnement, cette nouvelle approche se veut être avant tout une psychologie de la connaissance. C'est le modèle structural proposé par Jean Piaget qui, le premier, donnera son impulsion à cette orientation.

Une théorie structuraliste

Pour Piaget, l'apprentissage consiste en une modification de l'état des connaissances. Son modèle du développement est structuraliste. Il postule l'existence d'une série d'organisations internes de plus en plus puissantes permettant d'intégrer des données de plus en plus complexes :

Jean Piaget (1896-1980)

De formation scientifique (Piaget était titulaire d'un doctorat de sciences naturelles), épistémologue (*Psychologie et épistémologie, pour une théorie de la connaissance,* Paris, Gonthier, 1970) et psychologue, Piaget consacra sa vie à l'élaboration d'une théorie générale du développement de l'intelligence logique. Son œuvre reste encore aujourd'hui une référence obligée des recherches contemporaines de la psychologie de l'enfant.

À une interrogation épistémologique, celle de la genèse de la connaissance, Piaget cherche à apporter une réponse psychologique. Il tente de montrer, tout au long de son œuvre, que le savoir constitue la base de l'adaptation de l'individu au monde, l'intelligence étant la forme la plus élaborée de cette adaptation.

On citera, parmi ses ouvrages les plus célèbres, *La Naissance de l'intelligence chez l'enfant* (1936), *La Construction du réel chez l'enfant* (1937), *La Formation du symbole chez l'enfant* (1945), recueil d'observations minutieuses des deux premières années de la vie de ses enfants, *La Psychologie de l'intelligence* (1947), réunissant les conférences données au Collège de France, *La Genèse du nombre chez l'enfant* (1941, avec A. Szeminska) et *Genèse des structures logiques élémentaires* (1959, avec B. Inhelder) qui décrivent le développement de la logique dans les domaines des classifications, des sériations, du nombre, du temps, de l'espace, de la vitesse…

Les prolongements et les remises en cause des thèses piagétiennes porteront sur les différences individuelles, sur le rôle des représentations mentales et sur l'importance des influences sociales.

les stades. Les stades sont des structures cognitives communes à tous les sujets d'un même niveau et qui évoluent progressivement vers une pensée de plus en plus logique. Piaget tente, en effet, d'expliquer les mécanismes d'acquisition et d'utilisation des connaissances à partir de la genèse des opérations logico-mathématiques sous-jacentes à toute activité intellectuelle. Les étapes successives du développement cognitif bénéficient du rôle primordial de l'expérience ou de l'action comme moteurs de la construction, voire de la reconstruction, au niveau des représentations internes de l'enfant, d'un monde physique perçu et compris au départ de façon essentiellement intuitive (*stade sensori-moteur*, de la naissance à 18 mois). Piaget postule que l'essentiel de l'enfance est consacré à la mise en place de connaissances concrètes, portant d'abord sur des représentations immédiates (construction de l'intelligence opératoire au *stade des opérations concrètes*, de 6 à 12-13 ans), puis sur des hypothèses (construction de l'intelligence abstraite ou formelle au *stade des opérations formelles*, au-delà de 12-13 ans). Il s'agit d'un long parcours d'organisation du monde jalonné d'acquisitions concernant les connaissances et l'utilisation des systèmes de relations entre les objets (les classifications, les sériations), puis entre les objets et le sujet (le temps et l'espace), enfin entre les objets, le sujet, le temps et l'espace.

Une théorie constructiviste

En soulignant la place de l'activité comme facteur déterminant de l'accroissement des connaissances, Piaget rappelle que la maturation et la pression sociale ne sont pas seules à l'œuvre. Le développement des apprentissages est également la conséquence d'un quatrième facteur : l'*équilibration.*

L'équilibration des structures cognitives traduit le passage d'un état de moindre équilibre résultant des réponses du sujet aux perturbations extérieures vers un état d'équilibre supérieur correspondant à des possibilités nouvelles grâce à une structure cognitive plus puissante. Ainsi, dans le domaine du développement logico-mathématique, illustré par l'acquisition des conservations (voir « Apports et limites de la théorie piagétienne »), Piaget montre qu'au cours du développement, l'enfant connaît trois moments clés : les perturbations (dans le cas de la conservation de la substance, il constate l'allongement d'une saucisse en plasticine et son amincissement mais il ne fait pas encore de lien entre les deux phénomènes) ; les compensations (l'enfant est alors amené à associer ou coordonner les deux données : allongement et amincissement), enfin la mise en correspondance mathématique (« *on n'a rien ajouté ni rien ôté* », l'allongement de la saucisse provient de ce qui a été retiré à son épaisseur). Dans l'ensemble du développement, les progrès de la connaissance résultent d'une construction dans laquelle le sujet est acteur de ses apprentissages en interaction avec le monde. La conception de l'apprentissage est résolument constructiviste. C'est en agissant sur le milieu que le sujet va re-construire le monde physique et social qui l'entoure. Il va l'objectiver et se le représenter.

Une théorie interactionniste

L'être humain est en permanence sollicité par son environnement, physique ou social, auquel il est contraint de s'adapter. L'existence de perturbations nombreuses provenant des interactions sociales, et des interactions avec les objets (physiques ou symboliques) que le sujet désire ou doit inclure dans son activité impose des adaptations. Par exemple, l'enfant apprenant à écrire est contraint d'utiliser des outils et des signes dont les caractéristiques lui sont inhabituelles. La situation constitue une perturbation qu'il va devoir maîtriser. L'effort d'adaptation provient ici davantage de l'intérieur du sujet que de l'environnement.

L'adaptation du sujet à l'environnement met en jeu deux mécanismes de base ou *invariants fonctionnels* : *l'assimilation* et *l'accommodation*. L'assimilation consiste en une familiarisation des données du monde extérieur afin de les rendre intégrables à la structure propre du sujet ; c'est donc l'environnement qui « tend à se conformer » à la structure de l'enfant. À l'inverse, l'accommodation correspond à un ajustement du sujet aux données de l'environnement.

Les deux processus, assimilation et accommodation, sont indissociables et interagissent tout au long du développement. L'adaptation consistera au passage d'un état d'un moindre équilibre vers un état d'un équilibre supérieur.

Apports et limites de la théorie piagétienne

Bien que Piaget se soit beaucoup intéressé à l'éducation [3], il n'a pas développé de recherches spécifiques dans ce domaine. Cependant,

3. Jean Piaget, *Psychologie et pédagogie*, Paris, Denoël, 1969 ; *De la pédagogie*, Paris, O. Jacob, 1998.

le modèle de développement intellectuel qu'il propose, à la fois structuraliste, constructiviste et interactionniste, offre un cadre de réflexion largement utile à l'éducation. C'est ainsi que la mise en évidence du rôle bénéfique du *conflit cognitif* confère à l'approche piagétienne une véritable dimension éducative.

Le conflit cognitif exprime l'idée selon laquelle la prise de conscience par l'individu qu'il existe une réponse différente de la sienne dans une situation particulière provoque une tension interne de nature cognitive. La situation type est fournie par Piaget grâce au concept de « conservation ». Les conservations traduisent l'existence d'une invariance conceptuelle des quantités physiques affectées par des transformations spatiales ou formelles. Dans la pratique, on présente au sujet deux entités A et B telles que A et B soient perceptivement et conceptuellement égales (par exemple, deux récipients strictement identiques contenant la même quantité de liquide). On obtient l'accord de l'enfant sur cette égalité. Puis on laisse subsister A alors que B devient B' par une modification qui n'affecte que l'apparence perceptive (par exemple transvasement du liquide de B dans B' qui est un récipient plus large ou plus étroit). On demande à l'enfant si B' est égal à A. Les réponses varient en fonction du stade de développement. Avant six ans (stade pré-opératoire), l'enfant se centre sur une seule des deux dimensions sans les coordonner entre elles (ex. : il prend en compte la hauteur du récipient, mais « oublie » de constater que le plus haut est aussi le plus étroit. À partir de 6 ans (stade opératoire), l'enfant se centre sur deux dimensions à la fois en les coordonnant.

En soulignant le rôle déterminant de l'activité de l'enfant dans l'apprentissage, Piaget définit l'école comme un environnement devant stimuler et favoriser ce processus d'auto-construction. Dans un tel dispositif, l'enseignant, devenu médiateur entre connaissances et apprenant, facilite la découverte des notions et l'élaboration des savoirs et savoir-faire plutôt que leur présentation à l'enfant sous une forme préétablie. Alors que l'enseignement traditionnel met l'accent sur les aspects figuratifs de la pensée (les réalisations) et considère le développement comme une accumulation linéaire de connaissances encyclopédiques ou de techniques, la conception héritée du modèle piagétien est tout autre. Elle vise à apprendre à penser et à valoriser les aspects opératifs de la pensée (processus internes, opérations mentales), à faire expérimenter l'enfant, à favoriser la manipulation afin qu'il en tire les lois abstraites, la simple observation de l'activité d'autrui étant insuffisante à la structuration des connaissances. L'activité ainsi déployée par l'apprenant devient, de surcroît, une puissante source de *motivation intrinsèque* nécessaire, elle aussi, à la construction des apprentissages (voir chapitre IV).

Le modèle piagétien a cependant ses limites. D'une part, en subordonnant les apprentissages au seul développement des opérations mentales, restreintes à l'espace logico-mathématique, Piaget néglige le rôle joué par les systèmes de représentation (langage, mémoire...). Or, un sujet conçu en vue de s'adapter aux situations qu'il rencontre est avant tout amené à manipuler de l'information symbolique. D'autre part, en accordant une place prédominante à l'activité du sujet, Piaget délaisse un facteur central du développement : *les influences sociales* (voir chapitre II).

III – La psychologie du traitement de l'information

L'approche cognitive du traitement de l'information étudie le sujet humain comme un système de traitement de l'information ou une « machine à apprendre ». Elle se propose d'étudier et de modéliser les activités mentales de traitement des informations. De telles activités supposent l'identification, la transformation, le stockage et la récupération d'informations ou la mise en relation des informations entre elles. Ces opérations, différentes selon la nature de la tâche à accomplir (comprendre, évaluer, résoudre, calculer...), ont cependant un dénominateur commun : elles manipulent toutes des informations symboliques stockées en mémoire, appelées *représentations*. La psychologie cognitive accorde un rôle central à la notion de représentations et à la mémoire où ces informations sont stockées. La mémoire n'est pas envisagée comme un système unitaire mais comme une structure modulaire constituée de deux instances principales : la mémoire à long terme d'une part et la mémoire à court terme devenue mémoire de travail d'autre part.

La mémoire à long terme (MLT)

Mémoire déclarative et mémoire procédurale

Les informations présentes en MLT sont de divers types. Une première distinction sépare les connaissances procédurales indiquant la manière d'organiser les actions (les savoir-faire), des connaissances déclaratives, factuelles (« L'Etna est un volcan situé au nord-est de la Sicile ») ou conceptuelles (« La souris est un petit mammifère rongeur de la famille des muridés »). Difficilement communicables, les connaissances procédurales sont des habiletés perceptivo-motrices et cognitives (habileté à monter à bicyclette ou à résoudre une division). Leur acquisition et leur automatisation dépendent d'une pratique répétée et prolongée de l'activité en question.

L'élaboration de connaissances procédurales à partir de savoirs déclaratifs peut poser problème aux apprenants. Par exemple, l'enfant sait qu'existent les nombres (connaissances déclaratives) mais leur utilisation pertinente et les conditions de cette utilisation (connaissances procédurales) nécessitent un apprentissage long et parfois difficile.

Mémoire sémantique et mémoire épisodique

Une seconde distinction oppose des *informations sémantiques* et des *informations épisodiques*. Les informations sémantiques forment la base de données linguistiques et conceptuelles nécessaires à la production et à la compréhension de l'information orale ou écrite : le lexique (caractéristiques formelles et fonctionnelles des mots d'une langue donnée) des symboles, significations, référents, concepts, règles de manipulation des symboles et de leurs relations, etc. Cet ensemble de connaissances forme un contenu abstrait, relativement pertinent et directement lié aux apprentissages scolaires (géographiques, historiques, scientifiques, etc.).

Les informations épisodiques sont relatives aux souvenirs des expériences personnelles et aux relations spatiotemporelles qu'entretiennent entre eux ces souvenirs. Il s'agit de représentations, plus ou moins pertinentes – on parle alors de croyances (vraies ou fausses) –, susceptibles de faire obstacle aux apprentissages parce qu'elles donnent lieu à certaines conceptions du monde erronées.

Mémoire à court terme et mémoire de travail

La mémoire à court terme (MCT) se distingue de la MLT sur, au moins, trois dimensions : la capacité, la vitesse de récupération, le type de codage. Alors que la MCT possède une capacité de stockage limitée à quelques informations (chez l'adulte environ 7 +/- 2 unités) mais un temps d'acquisition et de récupération relativement rapide, c'est l'inverse pour la MLT. Enfin, la nature des codages utilisés est différente en MCT et en MLT : plutôt phonologique dans la première, plutôt sémantique dans la seconde. Un processus central caractérise le fonctionnement de la MCT : l'autorépétition qui permet le transfert des informations de la MCT vers la MLT.

Lors de l'exécution d'une tâche cognitive quelconque (apprendre, raisonner), la MCT assure simultanément la manipulation des informations et le maintien temporaire des produits intermédiaires de traitement effectués sur ces informations. C'est pourquoi on préfère aujourd'hui parler de *mémoire de travail* (MT) pour désigner cette double fonction.

Le modèle de MT le plus achevé est fourni par Allan Baddeley qui la décrit comme un système comprenant un administrateur central, comparable à un centre de contrôle et de pilotage, responsable du fonctionnement de deux systèmes subordonnés : une boucle articulatoire, sorte de « parole intérieure », destinée au maintien de l'information verbale auditive (langage oral) et phonologique (langage écrit), et un calepin visuo-spatial chargé du maintien des informations imagées.

La boucle articulatoire comporterait deux composantes : l'une serait destinée au stockage phonologique, l'autre chargée du contrôle articulatoire permettrait de lire l'information stockée et ainsi de la rafraîchir. Ce processus de rafraîchissement serait rendu nécessaire par le caractère temporaire (maximum 2 secondes) des traces mnésiques contenues dans l'unité de stockage.

Ces caractéristiques de la mémoire de travail permettent d'expliquer une série d'effets expérimentaux. Donnons quelques exemples. Ainsi, une liste de mots (ou de lettres) est d'autant plus difficile à apprendre que ces mots (ou ces lettres) se ressemblent sur le plan phonologique. Par exemple, il est plus difficile de se rappeler exactement

PGTVCD que RHXKWY. Cet effet existe même si la présentation des éléments à rappeler se fait par écrit : dans ce cas, il y a alors recodage des informations graphiques en informations phonologiques, ce qui donne lieu à des intrusions phonologiques et non visuelles. Par exemple, « P » est rappelé à la place de « V » et « L » à la place de « M ». L'empan en mémoire est réduit lorsque le sujet doit, simultanément, encoder une information et répéter un terme sans signification. L'audition d'autres mots que ceux à retenir perturbe le rappel, même si le sujet est libre d'ignorer ce matériel. C'est le cas des élèves placés dans une ambiance perturbante : classe à plusieurs cours ou réalisation des devoirs pendant que la radio ou la télévision diffuse de la musique à proximité.

Mémoire de travail et capacité de traitement

La notion de MT est indissociable de celle de *ressources cognitives*. Celles-ci représentent l'énergie mentale mobilisable par un individu pour l'accomplissement d'une tâche donnée. Or, les ressources cognitives sont limitées et la MT puiserait dans un même réservoir de ressources afin de manipuler et de maintenir actives les informations et les procédures utiles à la réalisation des tâches cognitives. Cette double opération consomme d'autant plus de ressources cognitives que la quantité d'informations à traiter est grande et que les traitements sont longs. Dans ce cas, la charge cognitive requise par les traitements peut provoquer l'échec dans la tâche à réaliser.

La surcharge cognitive

Les ressources cognitives requises par une tâche dépendent également du niveau d'expertise du sujet dans le domaine concerné, de son niveau de développement et de la stratégie adoptée. Lorsque la charge cognitive mobilisée dépasse les ressources disponibles, il y a alors *surcharge cognitive*. Ainsi, la charge cognitive qu'entraîne, par exemple, le calcul mental d'un produit sera différente selon que le sujet recourt à une procédure de récupération, plus économique, ou à une procédure plus détaillée, par pas successifs. Dans ce dernier cas, les calculs intermédiaires, le maintien en mémoire de leurs résultats et l'opération finale sont plus ou moins complexes et donc plus ou moins exigeants en ressources cognitives [4]. L'apprenant a donc tout intérêt à acquérir une procédure économique s'il ne veut pas surcharger son système cognitif et augmenter ainsi le risque d'erreur.

Automatisme et contrôle

La capacité de la mémoire de travail est fortement sollicitée par un traitement nécessitant plusieurs étapes. C'est ici qu'intervient la distinction entre *processus automatiques* et *processus contrôlés*. Les processus automatiques ne nécessitent pas ou très peu de ressources cognitives. Ils se distinguent des processus contrôlés dont l'activation et le maintien imposent, au contraire, d'importantes ressources cognitives.

L'activité de lecture-compréhension fournit un exemple idéal de l'articulation automatisme-contrôle (voir chapitre III). Un autre exemple est fourni par l'arithmétique. Pour résoudre un problème, le sujet doit récupérer en mémoire des données arithmétiques et la (les) stratégie(s) nécessaire(s) à leur mise en œuvre. C'est le rôle de l'administrateur central de la mémoire de travail. La réussite de ces opérations dépend de la capacité du sujet à maintenir temporairement en mémoire de travail les informations qu'il a récupérées en mémoire à long terme et celles résultant des procédures de calcul appliquées. Ces opérations sont effectuées simultanément. La mémoire de travail est ainsi occupée par des informations relatives au stockage et aux différentes étapes de traitement des données stockées. Sa capacité sera donc fortement sollicitée. Dans le cas d'un problème impliquant une procédure de retenue, les ressources utilisées par le maintien en mémoire de la retenue (rôle de la boucle articulatoire), tâche secondaire, vont interférer sur la performance de la tâche principale, la résolution du problème lui-même, et diminuer la probabilité de réussite [5]. Sur le plan pédagogique, on retiendra que la rapidité avec

---

4. Pierre Barouillet, « Ressources, capacités cognitives et mémoire de travail : postulats, métaphores et modèles », *Psychologie française*, 41 (4), 1996.

5. M.H. Ashcraft et R. Falk, « Mémoire de travail et anxiété dans le cadre de la cognition mathématique », *Revue de psychologie de l'éducation, Le Nombre avant et après Jean Piaget*, numéro spécial, 1, 1997.

laquelle le sujet accède aux résultats des opérations arithmétiques simples limite les risques de surcharge de la mémoire et augmente la probabilité d'une réponse exacte.

IV – L'INFLUENCE DES CONNAISSANCES PRÉALABLES

Ce sont les connaissances déjà acquises qui rendent possible l'acquisition de savoirs nouveaux. L'étude de la base de connaissances en mémoire à long terme s'est fortement développée au cours de la dernière décennie, grâce à la comparaison entre « experts » et « novices » d'un domaine. Ainsi, les experts en échecs, possédant une représentation très forte d'organisations de jeux possibles (les prototypes), n'ont pas de problème pour apprendre et reproduire des configurations conformes à ces organisations. En revanche, lorsque la distribution des pièces sur l'échiquier ne correspond à aucune situation de jeu plausible, experts et novices obtiennent les mêmes résultats dans les tâches de mémorisation. Cela s'explique par le fait que ni les uns ni les autres ne disposent en mémoire d'un prototype de cette organisation inhabituelle permettant de faire entrer les informations perçues dans un cadre susceptible d'en aider l'apprentissage. Autrement dit, les informations à apprendre n'ont pu être mises en relation avec celles déjà disponibles. En l'absence d'une telle connexion, l'apprentissage n'a pas lieu ou ne peut être que limité.

Connaissances préalables et compréhension

Comprendre un texte, oral ou écrit, c'est construire une représentation de l'information qui y est décrite. Les connaissances antérieures se révèlent une variable essentielle de la compréhension. C'est ce qu'attestent les études opposant des sujets ayant des niveaux d'expertise différents dans le domaine des connaissances générales et spécifiques. Ainsi, les faibles lecteurs connaissant bien le base-ball ont des performances de compréhension comparables à celles des bons lecteurs ayant peu de connaissances dans ce domaine. Le facteur à l'origine des différences entre les sujets n'est pas la capacité de lecture. Au contraire, la variable d'intérêt est l'état de la base de connaissances antérieures concernant le base-ball, laquelle permet d'ailleurs de compenser l'écart de niveau de lecture [6].

Connaissances préalables et apprentissage

La base de connaissances joue également un rôle fondamental dans la mise en œuvre des stratégies d'apprentissage. Ainsi, certaines études ont montré que les sujets apprennent plus facilement la stratégie de catégorisation et la transfèrent à d'autres tâches s'ils y sont entraînés à l'aide d'un contenu issu de leur base de connaissances plutôt qu'avec des informations dont ils sont peu familiers. Autrement dit, la mise en place de stratégies d'apprentissage est facilitée lorsque celles-ci s'appuient sur des connaissances préalables.

Relations entre connaissances nouvelles et anciennes

La mise en relation des informations nouvelles avec les informations anciennes s'accompagne d'opérations de traitement, telles que la sélection, catégorisation, transformation, mise en ordre de ces informations, opérations d'autant plus coûteuses en ressources cognitives que la base de connaissances est pauvre. Compte tenu du fait que la plupart des situations d'instruction font appel à l'utilisation du texte, on s'est interrogé sur l'existence de méthodes susceptibles de faciliter l'établissement de liaisons entre connaissances nouvelles et anciennes. C'est ainsi que des chercheurs s'intéressant aux structures textuelles ont mis en évidence que certains types d'organisation textuelle (notamment narrative) sont plus efficaces que d'autres (notamment les textes explicatifs) et que certains aménagements de la structure contribuent fortement à faciliter les apprentissages. L'impact de tels aménagements se fait d'autant plus sentir que les sujets disposent de moins de connaissances préalables. Ainsi, une clarification et une élaboration des faits présentés dans les livres d'histoire [7], de même qu'une explicitation des relations historiques

---

6. D.R. Recht et L. Leslie, « Effect of prior knowledge on good and poor readers' memory of text », *Journal of Educational Psychology*, 80, 1988.

7. I.L. Beck, M.G. McKeown, G.M. Sinatra et J.A. Loxterlann, « Revising social studies text from a text-processing perspective : Evidence of improved comprehensibility », *Reading Research Quaterly*, 26 (3), 1991.

unissant ces faits, améliorent les performances d'apprentissage des élèves, tant au plan quantitatif (le nombre d'idées rappelées et de bonnes réponses aux questions augmente) qu'au plan qualitatif (les faits mentionnés présentent un caractère hautement explicatif relativement aux phénomènes expliqués). Il apparaît ainsi que lorsque le sujet dispose d'une base de connaissances bien organisée, l'acquisition des informations s'en trouve facilitée.

Les schémas de connaissances

Même disponibles et bien organisées, les informations en MLT sont parfois difficiles à récupérer. Le « mot sur le bout de la langue » fournit une illustration de cette difficulté. Il faut en effet activer l'itinéraire menant à l'information. Certains aspects de la structuration des connaissances ont donc été explorés et ont donné lieu à plusieurs tentatives de modélisation. La notion de schéma est la plus achevée. Le schéma désigne certains aspects de l'organisation des connaissances en MLT relatives aux quelques centaines de situations stéréotypées d'activités coutumières, comme « aller au restaurant », « se marier », « avoir un jardin », etc., qui forment des « blocs » de connaissances (déclaratives, procédurales, socioculturelles) activables en permanence. Ces blocs, ou schémas, sont associés à des domaines particuliers et se sont constitués au fur et à mesure des expériences et des apprentissages du sujet. Le schéma postule que les événements relatés sont causalement et temporellement structurés en fonction des occurrences des successions temporelles ou des arrangements spatiaux rencontrés par le sujet.

Lors des opérations de compréhension, le schéma correspondant à l'information traitée est activé de façon plus ou moins volontaire et constitue une structure d'accueil ajustée à cette information. Soit l'information est simple et correspond aux attentes induites par le schéma, alors son intégration est immédiate ; soit l'information est complexe et/ou lacunaire ; dans ce cas, l'activation du schéma développe la recherche en MLT d'informations manquantes et fournit, par défaut, les liaisons ou les événements non explicitement présents dans l'information à traiter. L'ensemble des opérations d'activation, de recherche et de production vise à permettre un meilleur ajustement entre l'information nouvelle et celle déjà présente. Le schéma est donc un mécanisme actif de reconnaissance de l'information.

Le rôle de l'imagerie mentale

La représentation des informations en mémoire n'est pas uniquement de nature sémantique (propositionnelle) comme le présupposent les modèles précédents. En effet, nous disposons de deux catégories de représentation en mémoire : une propositionnelle (abstraite) et une imagée (possédant une ressemblance marquée avec l'objet physique). Ces deux modes de représentation correspondent aux différentes valeurs d'imagerie des mots. Ainsi, les mots concrets (*maison, pomme, cheval*) ont une forte capacité à susciter une image mentale alors que ceux abstraits (*nécessité, effort, qualité*) ont une valeur d'imagerie faible. C'est sur ce postulat que repose la théorie du double codage. Le mot abstrait, qui ne permet que l'utilisation du code verbal, ne serait codé que sous une forme propositionnelle alors que le mot concret favorise une représentation à la fois propositionnelle et imagée. Dans ce cas, la récupération du mot en mémoire est plus facile. Ce phénomène suggère que l'image serait occasionnellement plus efficace que le mot dans les tâches d'apprentissage. C'est ce que montre le rappel de paires de mots combinant deux niveaux d'imagerie, un fort (E) et un faible (F). La performance de rappel est meilleure lorsque les termes de la paire permettent une imagerie mentale comme aide à l'apprentissage. Elle suit l'ordre décroissant suivant : E-E > E-F > F-E > F-F. Interrogés sur la procédure utilisée pour mémoriser l'association (imagerie, stratégie verbale ou répétition), les sujets indiquent qu'ils recourent à une stratégie d'imagerie lorsque les mots le permettent.

V – Procédures et stratégies

La récupération des informations et, d'une manière générale, l'ensemble des opérations de traitement de l'information sont complexes et cognitivement coûteuses. Elles requièrent la maîtrise d'habiletés de haut niveau pour tous les champs disciplinaires : lecture, production écrite, numération et résolution de problèmes. La mise en œuvre de telles habiletés s'appuie sur l'utilisation de procédures et de stratégies.

Les procédures sont des opérations qui interviennent sur des informations ou des données (verbales, numériques) en vue d'en assurer la manipulation et/ou le traitement. Un éventail de procédures – plus ou moins efficaces – peut être potentiellement disponible pour la résolution d'une même tâche. Le choix et le maintien de l'une des procédures peuvent constituer un indicateur du niveau de capacités atteint par l'individu.

Par exemple, dans le domaine de l'arithmétique, les enfants utilisent plusieurs procédures. Certaines ont une composante ou un support physique : compter sur les doigts. D'autres sont purement de type mental : effectuer un calcul mental ou bien encore récupérer la solution directement en mémoire. Avec l'apprentissage, mais également en fonction de la difficulté de la tâche et/ou de la situation, le même enfant pourra recourir à l'une ou à l'autre des procédures. Ce n'est que vers 8 ans – avec de grandes différences interindividuelles – que l'enfant adopte majoritairement une procédure de récupération directe en mémoire. L'abandon d'une procédure coûteuse en ressources cognitives au profit d'une autre, plus rapide, conduit à considérer que le sujet met en œuvre une stratégie.

Une stratégie consiste en une sélection parmi plusieurs procédures afin de réaliser une performance optimale[8]. De fait, pour reprendre l'exemple précédent, les enfants faisant de plus en plus appel à la récupération donnent de plus en plus souvent la bonne réponse et répondent de plus en plus rapidement.

On peut distinguer deux types de stratégies : celles cognitives, prenant en compte les caractéristiques de la tâche (par exemple, dans le cas d'apprentissage par le texte, le fait d'intégrer l'idée que résumer un texte consiste, entre autres, à substituer des termes catégoriels à des listes d'objets, de personnages, etc.) et les stratégies métacognitives centrées sur les caractéristiques du sujet. Dans ce dernier cas, l'apprenant utilise la connaissance qu'il a de ses propres processus mentaux, de leur capacité, de leur fonctionnement, pour contrôler

8. Michel Fayol et Jean-Marc Monteil, « Stratégies d'apprentissage et apprentissage de stratégies », *Revue française de pédagogie*, 106, 1994.

et améliorer ses performances. Il s'agit de *métaconnaissances*. Par exemple, si nous pensons que le rappel d'un texte est meilleur lorsque nous mémorisons l'essentiel, plutôt que la forme verbatim ou littérale, nous limiterons notre apprentissage à quelques mots clés de ce texte. Les élèves en difficulté et les jeunes apprenants sont généralement ignorants de l'utilité de telles stratégies de contrôle.

Stratégies et caractéristiques de la tâche

Alors que certaines stratégies semblent se développer spontanément, c'est le cas de l'autorépétition, d'autres n'apparaissent que si elles sont enseignées ; c'est le cas, par exemple, de celles relatives au traitement des textes.

Autorépétition ou traitement sémantique ?

L'activité de traitement sémantique des informations est un puissant élément d'apprentissage. Ce phénomène peut être mis en évidence dans des tâches de complétion de phrases. Dans une étude, seule une moitié des sujets sont avertis qu'ils auront à fournir ultérieurement un rappel. L'autre moitié ignore cette information. À l'issue de l'apprentissage, tous subissent l'épreuve de rappel. Contre toute attente, on observe que ce sont les performances des sujets n'ayant pas été avertis de l'existence d'un rappel qui sont les meilleures. En conséquence, les activités d'encodage des informations déployées au cours de la tâche de complétion – tâche impliquant des traitements sémantiques – se sont avérées plus efficaces que l'autorépétition de la forme littérale des phrases, utilisée préférentiellement par les sujets avertis de la présence d'un rappel. Comparée à une stratégie sémantique, la stratégie d'autorépétition n'a pas eu d'effet supérieur sur l'apprentissage. Cette question sera abordée dans l'apprentissage incident.

Les stratégies de traitement des textes

Lorsqu'on observe la manière selon laquelle des sujets de 10 à 18 ans étudient spontanément un texte, on remarque qu'à 10-12 ans l'activité se résume à une simple lecture. Au fur et à mesure que l'âge croît, le traitement devient plus stratégique : la proportion de ceux qui prennent des notes et soulignent augmente. Dans ce cas, les performances de rappel sont, non seulement supérieures à celles des sujets qui lisent et relisent le texte, mais elles tendent à rejoindre celles de l'adulte expert.

La gestion de la compréhension d'un texte est également associée à la connaissance et au contrôle que le sujet est en mesure d'exercer sur son propre fonctionnement cognitif. De telles habiletés renvoient au concept de métacognition.

Stratégies et métaconnaissances

D'abord centrée sur la mémoire, l'étude des métaconnaissances [9] a montré qu'elles ne se développent que très lentement et sont rarement disponibles avant l'âge de 7 ans. Ainsi, à 4 ans, les enfants connaissent mal les limites de leur MCT et surestiment largement ses capacités. Celles-ci ne sont estimées correctement qu'au-delà de 11 ans. Lorsque des sujets de 4, 8 et 20 ans, d'abord invités à prédire leur propre capacité de rappel, sont ensuite soumis à une épreuve de rappel effectif, on note que la distribution du nombre d'éléments qu'ils pensent rappeler et du nombre d'éléments qu'ils rappellent effectivement suit deux courbes opposées : alors que les scores prédits diminuent avec l'âge, c'est l'inverse pour les rappels effectifs qui, eux, augmentent.

Les travaux ultérieurs ayant examiné les liens entre traitement de textes et métacognition montrent que les jeunes apprenants ont des difficultés à orienter sélectivement leur attention en direction des différents contenus d'un texte en vue de distinguer ce qui est important de ce qui ne l'est pas. C'est notamment le cas jusqu'à 7-8 ans, dans des tâches où les enfants doivent classer les informations selon leur importance. À 9-10 ans, ils ne parviennent qu'à isoler les unités les plus importantes. Ce n'est qu'à 11-12 ans que les enfants distinguent les différents degrés d'importance des unités textuelles. En revanche, ils ne différencient toujours pas les unités intermédiaires.

---

9. Daniel Chartier et Jacques Lautrey, « Peut-on apprendre à connaître et à contrôler son propre fonctionnement cognitif ? », *L'Orientation scolaire et professionnelle*, 21,1992.

L'automatisation des stratégies est une donnée fondamentale. Les stratégies, comme l'autorépétition, l'auto-évaluation de la compréhension, l'élaboration (mise en relation), le regroupement, la catégorisation sémantique..., sont mobilisées et utilisées spontanément dans des tâches simples portant sur des connaissances bien délimitées et maîtrisées. En revanche, elles le sont beaucoup moins lorsque les tâches s'élargissent et se complexifient. Cela résulte du fait que l'utilisation d'une stratégie requiert des ressources cognitives si importantes que l'apprenant ne recourt pas toujours à cette utilisation ou ne parvient pas à la maintenir durant l'exécution de la tâche, sauf à prendre le risque d'une diminution de la performance. D'où la nécessité d'envisager les stratégies en termes de coût cognitif et de considérer – comme nous l'avons souligné plus haut – que les ressources cognitives étant limitées chez un individu donné, l'automatisation des stratégies constitue un objectif à atteindre afin que les ressources restantes soient affectées aux activités de « haut niveau » propres à la tâche elle-même.

Nous avons vu plus haut avec le traitement sémantique que des informations peuvent cependant être traitées avec succès sans nécessairement requérir l'utilisation de stratégies adéquates. D'autres processus cognitifs sont supposés intervenir qui optimisent le traitement tout en limitant la charge cognitive. C'est le cas de l'apprentissage incident montrant que l'intention de savoir n'est pas nécessaire pour apprendre.

VI – Apprentissage intentionnel et/ou incident

La méthode qui consiste à demander au sujet d'exécuter une tâche quelconque sur un matériel verbal sans le prévenir qu'il sera testé ensuite sur sa mémorisation de ce matériel fournit le principe de l'apprentissage incident et renseigne sur la profondeur des traitements à l'œuvre chez l'apprenant. L'épreuve de complétion de phrases rapportée précédemment montre que l'apprentissage est déterminé par la trace construite au cours de l'encodage des informations. Plus cette trace est profonde, plus l'apprentissage est solide. Cela est dû au fait qu'il existe différents niveaux de traitement qui induisent différents degrés d'encodage. Si le traitement est superficiel (analyse structurale de nature perceptive du matériel à apprendre : compter le nombre de lettres dans chaque mot ; identifier la présence d'une certaine lettre dans les mots), l'apprentissage sera fragile et peu durable. C'est ce que montre Mandler dans une étude où il présente aux sujets des cartes portant chacune un mot. Sans rien dire à propos d'un rappel ultérieur, il demande à un premier groupe de ranger les mots en catégories (tâche de catégorisation sémantique), alors que deux autres groupes sont prévenus qu'ils doivent mémoriser les mots afin de les rappeler ensuite. À la différence du second groupe, le troisième doit, en plus, trier les cartes. Les résultats ne font apparaître aucune différence entre les groupes au moment du rappel. Autrement dit, le fait d'apprendre intentionnellement n'est pas plus efficace qu'un traitement sémantique sans intention d'apprendre. Par ailleurs, la mémorisation n'a pas bénéficié d'une élaboration des caractéristiques physiques du matériel à apprendre (groupe 3). Une telle élaboration est inutile. C'est ce qu'attestent les résultats obtenus par un quatrième groupe qui doit seulement disposer les cartes en colonne : ses performances sont les plus faibles des quatre groupes.

En résumé, lorsque le traitement exploite des caractéristiques de nature conceptuelle (par exemple, catégoriser selon des critères sémantiques), l'apprentissage est facilité. Mais l'attention portée aux informations ne constitue pas toujours une condition nécessaire à l'apprentissage. L'influence de l'apprentissage incident dans les acquisitions complexes (lire, écrire, etc.) est aujourd'hui une question d'un intérêt scientifique et didactique majeur [10].

VII – Approches cognitives et éducation

Étudier le fonctionnement des processus cognitifs qui interviennent dans les apprentissages est une tâche éminemment complexe pour au moins trois raisons : d'abord, ces processus sont inobservables ; ensuite, ils évoluent eux-mêmes en fonction des apprentissages déjà réalisés ; enfin, ils sont largement influencés par les domaines (langage,

10. Serge Nicolas et Pierre Perruchet (éds.), « Apprentissage et mémoire implicites », *Psychologie française*, 43 (1), 1998.

nombre...) et les objets d'apprentissage (savoirs, savoir-faire, attitudes...). L'histoire des « théories de l'apprentissage » met en évidence l'évolution des conceptions d'un courant à l'autre et l'influence grandissante de ces conceptions dans le champ de l'éducation.

Les lois générales de l'apprentissage proposées par les théories béhavioristes, assimilant les acquisitions à la mémorisation mécanique de réponses par association, répétition et renforcement, ont échoué à expliquer les apprentissages complexes. Elles ont été progressivement supplantées par les thèses constructivistes, en particulier la théorie piagétienne, affirmant le rôle capital de l'activité « élaboratrice » du sujet. La thèse selon laquelle l'apprentissage n'est pas un *enregistrement de l'information* mais un processus de *construction* qui met en jeu l'engagement actif de l'apprenant, les connaissances ou structures disponibles, enfin la signification donnée à l'information, est aujourd'hui une des lignes de force du discours pédagogique. La conception constructiviste est à l'origine des pédagogies dites *actives* fondées sur le rejet des démarches pédagogiques dites *transmissives*, censées maintenir l'élève dans un statut de récepteur (passif) de l'enseignement.

Avec la psychologie cognitive du traitement de l'information, la conception de l'apprentissage s'est notablement rapprochée des préoccupations didactiques, notamment par ses apports sur le rôle des connaissances préalables, des procédures et des stratégies de traitement lorsque l'individu apprend, c'est-à-dire perçoit, comprend, mémorise, produit... L'intérêt majeur de l'approche du traitement de l'information apparaît dans sa description des processus mobilisés dans les apprentissages scolaires fondamentaux (voir chapitres III et IV).

Cela étant, il est clair que l'analyse cognitive ne représente qu'une des pièces du problème global de l'apprentissage, ce qui fait qu'elle ne peut répondre que partiellement aux problèmes de l'enseignement. Le décalage est manifeste dans l'analyse des cas d'échec scolaire où les problèmes d'ordre cognitif interagissent avec d'autres, d'ordres émotionnel, affectif et/ou culturel. À l'évidence, le modèle futur de l'apprentissage sera un modèle pluriel, interdisciplinaire, articulant les composantes cognitives aux dimensions affectives, scolaires et sociales de l'acquisition des connaissances.

Chapitre II

LES ASPECTS SOCIOCOGNITIFS DES APPRENTISSAGES

Comprendre le rôle de l'environnement social dans les apprentissages de l'individu est une des ambitions majeures de la psychologie de l'éducation. Les courants de recherche qui partagent la thèse de l'*interactionnisme social* considèrent l'interaction de l'individu avec le milieu social comme la composante déterminante de ses acquisitions cognitives. Défendant une approche *sociocognitive*, ces courants se démarquent des approches cognitives qui privilégient la dimension intra-individuelle des apprentissages (voir chapitre I). À l'interaction *Sujet-Objet*, l'approche sociocognitive substitue une interaction à trois termes : *Sujet-Autrui-Objet*.

L'approche sociocognitive de l'apprentissage sera illustrée dans la suite par trois courants de recherches qui chacun développent un mode particulier d'intervention du social dans le cognitif. Parce qu'ils mettent en avant l'influence des variables sociales dans le fonctionnement cognitif de l'individu, les courants sociocognitifs renouvellent la réflexion à apporter à l'organisation des situations scolaires.

I – La théorie socioculturelle de Vygotsky

Les thèses développées par Vygotsky sur la construction sociale des fonctions cognitives ont aujourd'hui une audience majeure en psychologie du développement. Elles inspirent également le champ de l'éducation par le rôle prévalent qu'elles accordent à l'intervention de l'adulte dans la progression des apprentissages de l'enfant [1].

Une approche sociohistorique

L'excentration des connaissances

Vygotsky inscrit la question du développement cognitif dans une perspective à la fois historique et culturelle. La thèse de l'*excentration des capacités humaines* insiste sur le fait qu'à l'origine du développement les connaissances à acquérir sont extérieures à l'individu et matérialisées dans les œuvres humaines : la littérature, les œuvres d'art, le langage... Le développement cognitif est alors conçu « comme le mouvement d'appropriation par l'individu des activités humaines déposées dans le monde de la culture [2] ». Deux composantes sont censées jouer un rôle primordial dans ce processus : les systèmes symboliques et l'interaction sociale.

Lev Sémionovitch Vygotsky (1896-1934)

Personnalité éminente de la psychologie soviétique des années vingt, Vygotsky a bâti en dix ans une œuvre théorique abondante que sa disparition prématurée a laissée à l'état programmatique. À partir d'un double questionnement sur le sens de la culture et l'influence de la pédagogie, Vygotsky a cherché dans l'étude psychologique de l'apprentissage les bases d'une théorie du développement cognitif humain. Victime du régime politique de l'URSS, son œuvre est demeurée inaccessible au lecteur occidental durant plusieurs décennies, avant sa traduction aux États-Unis en 1962.

1. Parmi les publications consacrées aux thèses de Vygotsky : Angel Rivière, *La Psychologie de Vygotsky*, Paris, Mardaga, 1990; Bernard Schneuwly et Jean-Paul Bronckart (éds.), *Vygotsky aujourd'hui*, Neuchâtel, Delachaux-Niestlé, 1985; Bernard Schneuwly et Michel Brossard (éds.), *Outils et Signes*, Berne, Peter Lang, 1998.

2. Michel Brossard, « Un cadre théorique pour aborder l'étude des élèves en situation scolaire », *Enfance*, n° 46 (4), 1992.

Dans *Pensée et Langage*, ouvrage clé paru deux mois après sa mort, Vygotsky expose sa thèse générale du développement cognitif à travers les rapports de la pensée et du langage : « La vraie direction du développement de la pensée ne va pas de l'individuel au social mais du social à l'individuel [3]. »

Si la biographie rapproche Vygotsky et Piaget, par l'année de naissance et le « détour » par la psychologie, leurs conceptions du développement cognitif les opposent sur des points fondamentaux. Alors que Piaget décrit le développement comme une construction interne au sujet, issue de l'interaction avec les objets, Vygotsky l'envisage comme l'appropriation de la connaissance élaborée dans les interactions sociales.

Les instruments psychologiques

Pour Vygotsky, le développement des *fonctions mentales supérieures* – la mémoire, le langage et, par excellence, la conscience – ne serait rendu possible que par la manipulation des systèmes symboliques (ou sémiotiques) : le langage, l'écriture, les nombres... Véritables instruments de construction psychologique, les *systèmes de signes* joueraient dans le traitement de la connaissance un rôle analogue à celui des outils techniques dans la manipulation du monde physique. Dans la perspective vygotskyenne, l'apprentissage des systèmes de signes est un enjeu capital du développement individuel. Le rôle des signes est fondamental dans la mesure où ils rendent possible une série de contrôles : sur autrui, sur le comportement et sur la pensée. L'exemple type est celui de l'écrit dont l'appropriation et la maîtrise ne permettent pas seulement d'exprimer la pensée mais, surtout, de l'organiser et de la réguler.

De l'inter à l'intra-individuel

Tout en reconnaissant l'intérêt capital de l'activité individuelle, Vygotsky souligne que ce sont les activités menées sous la tutelle de l'adulte qui, au premier chef, permettent les apprentissages.

3. Lev Vygotsky, *Pensée et Langage* (trad. fr. de F. Sève), Paris, éditions sociales, 1985 (rééd. : Paris, La Dispute, 1997).

L'individu progresse par appropriation de la culture dans les interactions sociales. La découverte de l'environnement, l'action sur les objets, mais aussi et surtout l'appropriation des systèmes symboliques eux-mêmes dépendent de la médiation d'autrui. Aussi, « les interactions avec des partenaires plus compétents, loin de freiner le développement d'une pensée autonome, lui sont nécessaires [4] ».

Pour l'ensemble de ses dimensions, le développement cognitif résulte d'une « double formation » [5], externe puis interne, dans un mouvement allant du social vers l'individuel. Les capacités de l'enfant se manifestent d'abord dans une relation interindividuelle où l'environnement social assure le *guidage* (ou l'*étayage*) de l'enfant, décrit par Bruner comme « un processus d'assistance ou de collaboration entre l'enfant et l'adulte [6] ». Le déclenchement et le contrôle individuels (autorégulation) des activités n'apparaissent que dans un second temps, à l'issue d'un processus d'intériorisation favorisé par la répétition des interactions sociales. Ainsi, « chaque fonction apparaît deux fois dans le développement culturel de l'enfant [...] : d'abord entre individus (interpsychologique) et, ensuite, dans l'enfant (intrapsychologique) [7] ». Le développement est conçu comme une socioconstruction qui suit une direction strictement inverse à celle que concevait Piaget : « C'est l'apprentissage social qui cause le développement [8] ».

Instrument psychologique de premier ordre, le langage occupe une place exemplaire dans ce schéma développemental. Les premières conduites et formes langagières émergent et se développent dans le cadre des situations initiales de communication de l'enfant avec son entourage. Moyen d'interaction avec autrui, le langage

4. Olivier Houdé et Fayda Winnykammen, « Les apprentissages cognitifs individuels et interindividuels », *Revue française de pédagogie*, n° 98, 1992.

5. A. Rivière, *op. cit.*

6. Jérôme S. Bruner, *Le Développement de l'enfant : savoir faire, savoir dire,* Paris, PUF, 1983.

7. L. Vygotsky, *op. cit.*

8. Jean-Paul Bronckart, « Développement, compétences et capacités d'action des élèves », dans J.-L. Chiss, J. Davis et Y. Reuter (éds.), *Didactique du français*, Paris, Nathan, 1995.

remplit alors une fonction externe, laquelle sera progressivement perfectionnée. Ensuite, le langage adressé à soi-même, langage dit *égocentrique*, devient pour l'enfant un moyen d'organiser ses propres actions sur le monde. Évoluant en langage intériorisé ou interne, le langage égocentrique devient finalement un « outil intellectuel », instrument de planification et de régulation des activités mentales. Le statut du langage égocentrique dans le développement est un point de divergence essentiel entre Piaget et Vygotsky : signe d'immaturité destiné à involuer pour Piaget, instrument de pensée destiné à « progresser » pour Vygotsky.

Développement cognitif et éducation

Le rôle de l'enseignement

L'approche vygotskyenne inverse l'ordre des rapports entre le développement, l'apprentissage et l'éducation tels que les comprenait Piaget. Dans la conception piagétienne, les capacités d'apprentissage dépendent du niveau de développement de l'individu (voir chapitre I), en d'autres mots, c'est le développement cognitif qui conditionne les capacités d'apprentissage. Vygotsky soutient lui la causalité inverse : « La caractéristique prédominante de notre hypothèse est la notion que les processus du développement ne coïncident pas avec ceux de l'apprentissage mais suivent ces derniers [9]. »

À l'âge scolaire, ce sont les apprentissages scolaires, apprentissages d'ordre supérieur, qui forment la substance du développement cognitif. Ce dernier est en conséquence tributaire des apports de l'enseignement : « Le développement à l'âge scolaire n'est possible que grâce à l'enseignement [...] ; les fonctions psychiques ne peuvent se développer que grâce à lui [10]. » Dès lors, l'attention portée aux besoins de l'enfant doit-elle s'identifier à la satisfaction de ses besoins cognitifs. C'est dans cette logique que Schneuwly (1995) trace trois lignes directrices pour l'enseignement scolaire : la rupture

---

9. L. Vygotsky, *op. cit.*

10. Bernard Schneuwly, « De l'importance de l'enseignement pour le développement : Vygotsky et l'école », *Psychologie et Éducation*, n° 21, 1995.

avec l'expérience commune de l'enfant ; la *dé-contextualisation* des contenus ; la différenciation des disciplines. D'une part, seules les situations de rupture avec l'expérience quotidienne sont à même de donner les conditions d'accès aux formes supérieures de savoirs et de savoir-faire, d'autre part, la généralisation des notions et leur dé-contextualisation ne peuvent véritablement être appréhendées que dans le cadre des disciplines formelles qui organisent les connaissances en systèmes logiques [11].

Ce sont des démarches de rupture avec l'expérience quotidienne et de dé-contextualisation qui, par exemple, assurent l'accès aux *concepts scientifiques*. Dans la manipulation quotidienne des objets, l'enfant acquiert des concepts sur le monde, des concepts dits *spontanés*, reflétant une connaissance concrète, pratique et a-théorique, à validité locale. C'est l'activité scolaire, dans le cadre des disciplines, qui permet à l'élève la construction des concepts scientifiques et leur « manipulation » théorique.

La zone de proche développement

Considérer que l'apprentissage est la condition du développement ne signifie pas que tout apprentissage est possible à tout moment. La thèse de Vygotsky signifie plutôt que les capacités d'apprentissage d'un enfant ne doivent pas être confondues avec le niveau cognitif qu'il atteint à un moment donné. Dans un domaine quel qu'il soit, il existerait un « espace potentiel de progrès » dans lequel les capacités individuelles pourraient être dépassées lorsque certaines conditions sont réunies. L'assistance d'autrui est l'une de ces conditions. Ce potentiel d'apprentissage en interaction sociale définit l'un des concepts majeurs de la théorie de Vygotsky : *la zone de proche développement* (ou zone proximale de développement). La zone de proche développement est une composante cruciale du processus de développement car elle « présage » et prépare ce que l'enfant pourra ultérieurement réaliser seul : « Ce qu'un enfant peut faire aujourd'hui en collaborant avec autrui, il peut le faire tout seul demain [12]. »

11. B. Schneuwly, *op. cit.*

12. L. Vygotsky, *op. cit.*

L'apprentissage précède le développement, la zone de proche développement assure le lien entre les deux.

Favoriser les acquisitions chez l'enfant consiste pour l'adulte à aménager la transition de l'activité *en tutelle* (ou guidage externe) à l'activité *en autonomie* (ou autoguidage). Pour ce faire, il lui faut ajuster les contenus et les conditions d'instruction, non pas aux capacités présentes de l'enfant, mais à son potentiel de progrès. Ainsi, pour l'ensemble des acquisitions, l'adulte (en particulier l'enseignant) a la tâche complexe de travailler sur la base de l'expérience et des possibilités de l'enfant, tout en rompant avec elles de façon adaptée dans les contenus et les méthodes. Rapportées à l'enseignement, scolaire, ces orientations désignent les *interactions maître-élève(s)* comme l'axe essentiel de l'organisation pédagogique de la classe [13].

Des questions pour l'éducation

La thèse vygotskyenne a l'intérêt majeur de considérer l'intervention sociale comme le facteur prédominant des progrès cognitifs. On mesure les implications d'une telle position pour l'éducation scolaire. L'organisation sociocognitive des situations scolaires est précisément l'une des préoccupations centrales des auteurs qui s'inspirent aujourd'hui de Vygotsky et tentent de prolonger ses thèses. Au plan de la théorie psychologique, les chercheurs ont la tâche critique de comprendre comment s'articulent les dynamiques sociales et individuelles dans le développement cognitif. Concernant plus spécialement la problématique de l'enseignement-apprentissage dans la classe, deux thèmes mériteraient une attention particulière. Le premier est l'interaction de tutelle maître-élève(s), situation d'enseignement-apprentissage singulièrement difficile à opérationnaliser. Les exemples fournis par le guidage des apprentissages initiaux de l'enfant dans le cadre familial n'étant que partiellement transposables aux situations de classe [14], les modalités d'organisation du tutorat scolaire requièrent des recherches spécifiques étendues. L'autre

13. Michel Brossard, *Adaptation de l'enfant à l'école et lisibilité des situations scolaires*, Bordeaux, Stablon, 1994.

14. J. Bruner, *op. cit.*

thème à approfondir en tant qu'« espace d'intervention didactique [15] » est la zone de proche développement. L'évaluation du potentiel d'apprentissage de l'élève, soit l'estimation des progrès dont il est capable en situation de tutorat, est l'une des dimensions critiques de la mise en œuvre scolaire de la notion.

II – Les interactions sociocognitives

L'influence bénéfique des interactions sociales pour les acquisitions cognitives a été démontrée expérimentalement par le courant de la *psychologie sociale du développement cognitif*. L'apport principal de ce courant, initié au cours des années soixante-dix par des psychologues d'inspiration piagétienne [16], est d'avoir mis en lumière le rôle capital du *conflit sociocognitif* pour la réussite des interactions. Au plan de l'éducation scolaire, la démonstration de l'efficacité des confrontations entre enfants ouvre des perspectives d'un intérêt didactique majeur.

La confrontation sociocognitive

L'interactionnisme social

L'approche sociale du développement cognitif considère les interactions sociales comme le cadre privilégié des acquisitions cognitives de l'enfant. Si le conflit cognitif « piagétien », en jeu dans l'interaction avec les objets, est bien reconnu comme un mécanisme central du développement cognitif, son intervention ne suffirait pas à expliquer les progrès cognitifs individuels. À certains moments clés du développement, les acquisitions trouveraient principalement leur origine dans les confrontations d'actions ou d'idées entre individus. Les acquisitions engendrées socialement dans les interactions seraient ensuite intériorisées pour être, ultérieurement, mobilisées

15. Marie-Jo Besson et Jean-Paul Bronckart, « L'explication de la zone de développement proche en didactique des langues », *Psychologie et Éducation*, n° 21, 1995.

16. Anne-Nelly Perret-Clermont, *La Construction de l'intelligence dans l'interaction sociale*, Berne, Peter Lang, 1979 ; Willem Doise et Gabriel Mugny, *Psychologie sociale et développement cognitif*, Paris, A. Colin, 1997.

individuellement [17]. Cette approche du développement social de « l'intelligence » se distingue de la théorie vygotskyenne par les modalités d'interaction sociale.

Le conflit sociocognitif

Les études expérimentales réalisées dans ce cadre théorique ont montré que pour aboutir à des progrès cognitifs les interactions sociales devaient donner lieu à un conflit sociocognitif (désormais CSC). Confrontés à une situation-problème à résoudre, les partenaires d'une interaction doivent, d'une part, présenter une différence de centrations cognitives (points de vue, méthodes, réponses…) et, d'autre part, rechercher une réponse commune au problème. L'opposition sociale de points de vue caractérise le CSC, pivot de l'interaction.

Situation expérimentale (d'après Doise et Mugny, 1997)

Pré-test : évaluation du niveau initial des sujets dans la notion à acquérir.

Situation expérimentale

Une situation-problème à résoudre

Consigne : fournir une réponse commune après concertation

Deux (ou trois) sujets de niveau de développement identique ou voisin, mais donnant des réponses opposées lors du pré-test

Relation de symétrie = égalité de statuts et de rôles chez les partenaires

Post-test immédiat : problème de même type et situation de généralisation.

Post-test différé : mêmes conditions qu'au post-test immédiat.

La performance des sujets expérimentaux aux post-tests est comparée à celle de sujets témoins, de même niveau initial (au pré-test), qui ont manipulé individuellement.

Le CSC intègre deux conflits : d'une part un conflit interindividuel (donc social) engendré par l'opposition de réponses au problème posé, d'autre part un conflit intra-individuel, de nature cognitive,

17. W. Doise et G. Mugny, *op. cit.*

X

consécutif à la prise de conscience par le sujet d'une réponse contradictoire, l'incitant à douter de la sienne. La dimension sociale du conflit est capitale. L'expression et la confrontation directe des arguments dans l'interaction sociale rendent en effet le conflit cognitif intra-individuel tout à la fois plus tangible et plus dynamique [18]. En outre, le dépassement du déséquilibre cognitif intra-individuel est probablement facilité par la recherche d'une réponse commune, donc par la résolution du conflit interindividuel. En somme, le CSC favorise l'activité cognitive individuelle.

Les conditions de conflit sociocognitif

Pour être efficace et donner lieu à des progrès individuels, le fonctionnement d'un CSC doit remplir d'autres conditions que l'hétérogénéité initiale de réponses et la coordination finale entre les partenaires. Les recherches ont mis en lumière l'importance de deux groupes de contraintes, les unes liées aux capacités individuelles des protagonistes, les autres au déroulement de l'interaction.

Concernant les capacités individuelles, le CSC ne peut être source de progrès qu'à partir du moment où l'enfant dispose de capacités minimales, les unes d'ordre cognitif, nécessaires pour prendre conscience de la différence de réponses et établir la nature de la contradiction, d'autres d'ordre sociocognitif lui permettant de s'insérer dans une interaction sociocognitive.

Le fonctionnement de l'interaction représente, lui aussi, un ensemble de conditions critiques des progrès recherchés. S'agissant de la composition de la paire, l'hétérogénéité de centrations par rapport au problème posé est la condition fondamentale et il n'est nullement nécessaire que l'un au moins des partenaires dispose de la réponse correcte. D'ailleurs, « des modèles mêmes régressifs, ne pouvant apparemment rien apporter à l'enfant, peuvent cependant lui indiquer le chemin à suivre [19] ». En outre, si la confrontation avec un

18. Selon Doise et Mugny, *op. cit.*, ce serait parfois l'incapacité à envisager des réponses différentes de la leur qui conduirait les enfants à s'en tenir à leur propre point de vue.

19. W. Doise et G. Mugny, *op. cit.*

partenaire plus avancé dans l'acquisition est un facteur favorable, elle n'est une condition ni nécessaire ni suffisante.

Le CSC n'est pas l'adoption par mimétisme ou complaisance d'un point de vue différent. L'interaction doit donner lieu à un engagement actif de chacun des partenaires dans la confrontation des arguments et leur coordination en une réponse unique. La négociation doit se dérouler sous la forme d'échanges contradictoires de nature sociocognitive permettant une réelle co-élaboration de la réponse finale. Ainsi, certaines modalités relationnelles peuvent-elles faire obstacle à l'expression du CSC et à son efficacité : des entraves à la communication, un accord par complaisance ou par soumission à l'autre… Ces formes de régulation des échanges réduisent la confrontation interindividuelle et s'avèrent inefficaces. Étudiées en situation expérimentale, des interactions fonctionnant de manière hiérarchique ne sont effectivement pas apparues plus efficaces que les actions individuelles. D'où l'importance d'organiser les interactions selon une *relation de symétrie* entre les partenaires, c'est-à-dire sur la base d'une égalité de statuts et de rôles dans les échanges, une disposition qui peut se révéler difficile à obtenir lorsque l'un des partenaires est plus avancé dans la notion. En somme, si l'hétérogénéité des réponses des partenaires est la condition *sine qua non* de l'installation d'un CSC, elle n'en garantit pas l'efficacité. Dans le cadre expérimental, l'adulte est parfois contraint d'intervenir afin de susciter une dynamique de conflit, expliciter les oppositions, impulser les échanges… À l'évidence, les contraintes de fonctionnement du CSC en limitent les occasions d'apparition et les contextes d'utilisation.

Les progrès cognitifs

Lorsque les conditions de déroulement d'un CSC sont satisfaites, les interactions entre enfants permettent à chacun des partenaires de progresser davantage que des sujets de même niveau initial qui ont agi seuls. Les effets de l'interaction sont mesurés aux progressions individuelles et non à l'amélioration d'une performance collective, telle qu'elle peut être recherchée dans certaines situations de travail en groupe. La solidité des progrès individuels est appréciée en fonction de trois critères :

– la généralisation de l'acquisition à des notions similaires. À titre d'exemple, Doise et Hanselman ont observé des progrès dans la conservation de la surface consécutifs à des progrès dans la conservation du volume [20];

– la stabilité de l'acquisition dans le temps, attestée par le maintien de la performance lors d'une évaluation différée;

– l'amélioration des arguments et des justifications entre le prétest et le post-test. La production d'arguments nouveaux atteste d'un progrès cognitif authentique en permettant d'écarter une explication faisant appel à l'imitation ou à l'imprégnation passive.

Les travaux pionniers ont mis en évidence des accélérations dans la progression développementale, par exemple dans le passage du stade préopératoire au stade opératoire concret (voir chapitre I). Ultérieurement, l'intérêt du CSC a pu être démontré pour d'autres types d'acquisitions et à d'autres âges. Gilly et Roux ont ainsi obtenu des progrès en résolution de problèmes chez des jeunes de 11-12 ans, et Blaye chez des élèves de 5-6 ans [21]. Le travail de Blaye apporte deux informations importantes. D'abord, utilisant une tâche scolaire classique (le rangement de blocs à deux dimensions, couleur-forme, dans un tableau à double entrée), il souligne l'intérêt pédagogique du CSC. Ensuite, il révèle que les progrès habituellement obtenus dans les performances (ici le remplissage du tableau) peuvent également concerner les procédures (ici la démarche de remplissage).

Selon Doise et Mugny, le développement cognitif dans son ensemble résulterait d'un enchaînement d'interactions de plus en plus complexes : « l'interaction permet à l'individu de maîtriser

---

20. Willem Doise et Claude Hanselman, « Interaction sociale et acquisition de la conservation du volume », *European Journal of Psychology of Education,* V (n° 1), 1990.

21. Michel Gilly et Jean-Paul Roux, « Efficacité comparée du travail individuel et du travail en interaction sociocognitive dans l'appropriation et la mise en œuvre de règles de résolution chez des enfants de 11-12 ans », *Cahiers de psychologie cognitive,* 4 (n° 2), 1984; Agnès Blaye, « Organisation du produit de deux ensembles : influence des interactions sociales entre pairs sur les procédures de résolution et les performances individuelles », *European Journal of Psychology of Education,* I (n° 4), 1987.

certaines coordinations lui permettant alors de participer à des interactions sociales plus élaborées qui à leur tour deviennent source de développement cognitif [22] ».

Les interactions sociocognitives sans conflit

L'interaction coopérative ou coopération

Elle s'apparente au CSC par la communauté d'objectif entre les partenaires et s'en distingue par l'absence de conflit dans l'interaction. La situation de coopération s'avère facteur de progrès si elle équivaut à une réelle combinaison d'efforts et pas à la simple juxtaposition d'actions individuelles. Si une interaction coopérative semble *a priori* plus facile à susciter qu'une interaction avec conflit, aboutir à une coopération authentique, c'est-à-dire à une co-action coordonnée, concertée et non conflictuelle, pose en soi des problèmes, aux enfants comme aux adultes d'ailleurs. La coopération ne s'imposant pas de l'extérieur, c'est en agissant sur l'enjeu et la nature de la tâche qu'il est possible, d'une part, de réduire les divergences cognitives ou sociales, d'autre part, de rendre nécessaires des stratégies coopératives entre les partenaires. Dans le cadre scolaire, l'âge des sujets peut représenter l'obstacle principal. Les études du développement social de l'enfant semblent en effet indiquer qu'il faille attendre le début de l'adolescence pour observer une prédominance des conduites coopératives sur les conduites égocentriques.

L'interaction de tutorat (ou de guidage)

Elle se caractérise par une *dissymétrie* de statuts et de rôles entre les partenaires : un tuteur (l'expert) se trouve en interaction sociocognitive avec un tutoré (le novice) pour l'aider à réaliser une tâche ou à acquérir une notion. La différence de savoir et de pouvoir entre les partenaires peut être d'une importance très variable. Ainsi, dans une interaction de tutorat entre élèves, les partenaires peuvent provenir de niveaux scolaires successifs ou très éloignés.

---

22. W. Doise et G. Mugny, *op. cit.*

Les situations de tutorat réunissent des processus de transmission et d'acquisition de savoirs et de savoir-faire [23]. Si l'objectif visé est prioritairement « l'effet novice », c'est-à-dire la progression du tutoré, un bénéfice secondaire du tutorat est « l'effet tuteur », c'est-à-dire l'amélioration des capacités cognitives du tuteur. Les progrès du tuteur s'expliqueraient par la mobilisation de processus cognitifs nécessaires aux activités sociocognitives (interactions avec le tutoré) et métacognitives (explications, reformulation) requises par la situation de tutorat [24].

Apprendre en groupe

Les formes de travail collectif sont diverses et, si l'on se place d'un point de vue didactique ou pédagogique, les conditions de leur supériorité par rapport au travail individuel sont importantes à connaître.

L'avantage des interactions avec CSC sur les situations de travail individuel est le résultat le plus frappant. L'existence d'une *facilitation sociale* est également apparue dans des conditions de co-action sans conflit (coopération, collaboration…). D'une manière générale, les données de la recherche confortent l'opinion très répandue selon laquelle le travail collectif est un facteur de progrès cognitif [25].

Les questions surviennent du fait que les résultats sont loin d'être toujours positifs. Dans certaines réalisations en co-action, l'investissement de chacun des membres du groupe est parfois moindre que celui de sujets travaillant seuls. Il existe également des situations de coopération où la collaboration entre les partenaires est inefficace parce que l'action collective correspond à l'addition de contributions isolées. Enfin, les conditions qui président à l'efficacité du CSC sont telles que les possibilités de transposition dans les situations scolaires

---

23. Fayda Winnykamen, *Apprendre en imitant*, Paris, PUF, 1990.

24. Gérard Barnier, « L'effet-tuteur dans des situations mettant en jeu des rapports spatiaux chez des enfants de 7-8 ans en interactions dyadiques avec des pairs de 6-7 ans », *European Journal of Psychology of Education*, IV (n° 3), 1989.

25. Une opinion qui d'ailleurs fait rarement la distinction entre progrès collectif et gains individuels.

classiques sont apparemment réduites. Parmi ces conditions, celles d'ordre social délimitent une forme d'interaction difficile à instaurer dans le contexte scolaire habituel. Au plan cognitif, les notions scolaires susceptibles d'induire une opposition de points de vue argumentée sont rares. En outre, il est apparu qu'une situation de conflit n'est vraiment influente qu'au début d'une acquisition. À ces contraintes complexes s'en ajoutent d'autres inhérentes à l'âge des sujets, à leur niveau de développement cognitif, à leur statut dans la classe... En définitive, le travail en groupe dans la classe ne peut être considéré comme la forme scolaire du CSC.

En somme, si des résultats nombreux révèlent l'intérêt du travail collectif pour l'amélioration des compétences cognitives individuelles, il faut se garder d'en idéaliser le rôle et les effets dans le contexte scolaire quotidien. Il serait illusoire de considérer que le simple fait de « faire travailler » ensemble des élèves garantisse automatiquement une progression. Cela dit, les limites d'efficacité du travail en groupe ne doivent pas détourner l'enseignant de l'intérêt offert par le traitement social des connaissances et des tâches scolaires. L'interaction dissymétrique a par exemple une réelle pertinence scolaire puisqu'elle correspond à un mode de relations fréquent au sein de la classe ou de l'école. L'organisation de situations de tutorat pourrait ainsi permettre aux élèves les plus faibles de bénéficier d'interactions avec des élèves plus forts [26]. Étant donné l'intérêt des enseignants pour le travail en groupe, on souhaiterait dans ce domaine davantage de recherches en éducation, relayant les études psychologiques, pour tracer des cadres d'aménagement des interactions sociocognitives en classe. Ces recherches sont d'autant plus nécessaires qu'une « orientation sociocognitive » de l'enseignement implique une évolution assez radicale du mode d'approche de l'élève et de la conception de la classe.

III – CONTEXTE SCOLAIRE ET PERFORMANCES COGNITIVES

L'influence du contexte scolaire sur les performances cognitives de l'élève a été longtemps analysée en fonction des seules conditions de

26. Diane Finkelsztein et Pierre Ducros, « Un dispositif de lutte contre l'échec scolaire : l'enseignement par élèves-tueurs », *Revue française de pédagogie*, n° 88, 1989.

travail de l'élève. Aujourd'hui, l'attention est également portée aux caractéristiques sociales des situations scolaires et aux significations dont ces situations sont porteuses pour l'élève. Les travaux de Monteil et de ses collaborateurs du courant de la *psychologie sociale de la cognition* proposent une remarquable analyse de cette problématique [27].

L'influence des insertions sociales

Dans une série d'études expérimentales, Monteil et ses collaborateurs ont démontré l'impact de deux variables du contexte scolaire : la *comparaison sociale,* qui fait intervenir le niveau (ou statut) scolaire de l'élève, et la *condition d'évaluation* qui correspond au mode d'interrogation [28].

Paradigme expérimental (d'après Monteil, 1993)

Des élèves, globalement bons (note > 15) ou faibles (note < 7), participent à un cours. Préalablement, ils font l'objet d'une comparaison sociale et sont assignés à une condition d'évaluation.

Comparaison sociale

Une moitié des élèves est avertie publiquement du niveau scolaire (fort ou faible) de chaque élève (condition *comparaison*). À l'autre moitié des élèves, on indique qu'ils ont tous le même niveau (condition dite de *non-comparaison*).

Condition d'évaluation

Une moitié des élèves est informée qu'aucun d'entre eux ne sera interrogé durant le cours (condition *anonymat*). L'autre moitié des élèves est au contraire informée que chacun d'eux sera interrogé individuellement (condition *individuation*).

Évaluation

En fait, quelle que soit l'information donnée aux élèves, aucun n'est interrogé durant le cours. En revanche, à l'issue du cours, l'ensemble des sujets est soumis à une interrogation écrite.

27. Jean-Marc Monteil, *Éduquer et former, perspectives psychosociales,* Grenoble, PUG, 1989 ; *Soi et le contexte*, Paris, Armand Colin, 1993.

28. Les auteurs utilisent un contexte expérimental simulant un contexte scolaire.

Une première étude réunit des élèves de collège de 13-14 ans, bons ou faibles, dans une leçon de biologie. En situation de non-comparaison, les performances sont conformes aux résultats habituels : élevées pour les bons, basses pour les faibles. En revanche, en situation de comparaison (qui revient à désigner les élèves en échec et ceux qui réussissent), les bons élèves se montrent très supérieurs aux faibles en individuation, mais en anonymat les élèves faibles se placent au niveau des bons élèves [29]. Tout semble se passer comme si, en situation de comparaison, la perspective d'une prestation individuelle (individuation) amenait les bons élèves à se surpasser, alors que sans perspective d'interrogation (anonymat), ces derniers délaissaient le cours, lequel serait au contraire investi par les faibles.

Dans une autre étude, les auteurs manipulent le niveau « public » des élèves en leur attribuant de la réussite ou de l'échec à une tâche réalisée avant le cours. Cette tâche est conçue de telle sorte que les sujets ne puissent y évaluer leurs performances. La comparaison sociale porte donc cette fois sur un résultat fictif, censé avoir été obtenu à la tâche préalable. Au début du cours, une moitié des élèves (des bons et des faibles) s'entendent dire qu'ils ont réussi à cette tâche et l'autre moitié qu'ils ont échoué. Les élèves faibles à qui il est dit qu'ils ont réussi à la tâche préalable (attribution de réussite) obtiennent des performances élevées en anonymat ; en revanche, ils réalisent leurs plus faibles scores en individuation. Suite à une attribution d'échec, leurs performances sont insensibles au mode d'interrogation annoncé (anonyme ou public). Les bons élèves obtiennent, eux, une configuration de résultats exactement inverse ; après une attribution de réussite, ils montrent des résultats plus faibles en anonymat qu'en individuation : après une attribution d'échec, leurs performances sont cette fois plus élevées en anonymat qu'en individuation. Ces résultats semblent traduire les conduites suivantes :

29. En quelque sorte, lorsqu'on dit à des élèves faibles : « *Vous êtes faibles, vous êtes avec des bons, mais vous ne serez pas interrogés publiquement* », leurs performances à l'interrogation écrite égalent celles des bons élèves. Si on leur annonce une interrogation orale, leurs performances chutent fortement tandis que celles des bons s'élèvent nettement.

– les élèves faibles sont en difficulté lorsqu'ils sont confrontés à une interrogation orale publique (situation d'individuation) ; leur difficulté est amplifiée lorsque l'attente est importante (« *Vous venez de réussir et vous serez interrogés publiquement* ») ;

– les élèves forts, sans perspective d'interrogation (anonymat), désinvestissent l'activité lorsque leur statut est reconnu (« *Vous venez de réussir et vous ne serez pas interrogés* »). Ils sont « déstabilisés » par la perspective d'une interrogation individuelle lorsque leur statut est fragilisé (« *Vous venez d'échouer et vous serez interrogés publiquement* »).

Ces résultats, reproduits à diverses reprises, révèlent l'influence des conditions sociales d'évaluation sur le comportement et les performances cognitives des élèves. Ils font apparaître également que les conditions de comparaison sociale combinées à des sanctions positives ou négatives (attributions de réussite ou d'échec) entraînent d'importantes variations de performances pour un même niveau général préalable. Il est particulièrement intéressant d'observer que les variations de performances en fonction des conditions sociales varient elles-mêmes en fonction du niveau général des élèves. Par exemple, dans une situation « de pression », lorsqu'on leur dit qu'ils viennent de réussir et qu'ils vont être interrogés publiquement, la performance des élèves faibles chute fortement alors que celle des bons élèves atteint un maximum.

Monteil interprète ces résultats comme un effet de l'histoire scolaire des sujets et de leur *schéma de soi scolaire* [30]. L'accumulation d'expériences scolaires positives conduit les bons élèves à apprécier les interrogations publiques. La position des élèves faibles est inverse : des expériences et des comparaisons défavorables au long de leur scolarité leur font redouter les évaluations publiques [31]. Coutumiers de

30. Monteil (1993) définit les schémas de soi comme des structures cognitives qui stockent des connaissances génériques à propos de soi, issues des expériences de l'individu.

31. Lorsqu'on demande aux uns et aux autres de rappeler des exemples de réussite ou d'échec, les élèves faibles ont nettement moins de souvenirs de réussite que les bons élèves. La situation est inverse pour les comportements d'échec. L'image de soi scolaire des élèves est fidèle à leur histoire scolaire (Monteil, 1993).

l'échec scolaire, ces derniers se révèlent par ailleurs incapables d'assumer une évaluation publique (en individuation) après une évaluation positive (attribution de succès). Arguments théoriques et expérimentaux à l'appui, Monteil explique que les situations scolaires éveillent chez les élèves le « souvenir » d'événements de leur histoire scolaire stockés en mémoire. Le caractère inhabituel de certaines situations (par exemple, annonce de réussite et interrogation orale chez les élèves faibles) provoquerait un détournement de l'attention des sujets et, en conséquence, affecterait ses performances cognitives. En d'autres mots, l'élève préoccupé par ce qui lui arrive ne parviendrait pas à se concentrer pleinement sur le cours. Dans l'étude de Monteil, un tel mécanisme expliquerait l'échec aggravé des sujets faibles en individuation après une attribution de réussite et la contre-performance des bons élèves en individuation après une attribution d'échec.

Les phénomènes rapportés par Monteil révèlent que les conditions d'insertion sociale (statut scolaire et contexte social d'évaluation) sont susceptibles d'affecter le fonctionnement cognitif. Si on leur attribue une portée générale, « ils indiquent [...] que l'activité cognitive n'est pas seulement affectée par les propriétés intrinsèques de l'objet à connaître, mais aussi, et parfois même de manière majeure, par les conditions sociales dans lesquelles elle s'exerce [32] ». Ils soulignent l'intérêt qu'il faut accorder aux contextes scolaires si l'on souhaite mieux comprendre les performances des élèves. Une attention particulière devrait être portée aux évaluations, situations de classe affectivement et socialement très chargées, notamment aux conditions faites aux élèves faibles. Ces derniers sont victimes de l'intériorisation d'expériences scolaires négatives et de l'intrusion de ces expériences dans les situations nouvelles.

La signification des situations scolaires

Centrées sur le fonctionnement interne de l'apprenant ou sur le rôle des variables extérieures à l'école, les recherches de psychologie

32. Jean-Marc Monteil, « Contextes et performances scolaires », dans G. Blanchet, J. Raffier et R. Voyazopoulos (éds.), *Intelligences, scolarités et réussites*, Grenoble, La Pensée Sauvage, 1994.

de l'éducation ont longtemps négligé l'influence des variables intrascolaires. L'évolution est aujourd'hui sensible, probablement sous l'impulsion du courant de la *cognition en situation* (*situated cognition*) qui défend l'idée selon laquelle les conduites cognitives d'un individu ne sauraient être comprises hors la prise en compte de l'environnement dans lequel il intervient. Rapportée aux conduites cognitives de l'élève, cette démarche conduit à se pencher sur les réalités internes à la classe.

Des recherches ont été consacrées aux significations données par les élèves aux situations scolaires. Monteil, par exemple, s'est intéressé à l'influence du prestige social de la discipline sur les performances des élèves [33]. L'auteur a demandé aux élèves d'apprendre et de reproduire une même figure géométrique soit en dessin soit en géométrie. Les résultats montrent que les performances varient avec le prestige du support disciplinaire. Alors que dans le contexte d'un cours de dessin bons et faibles obtiennent des résultats identiques, dans le cadre plus valorisé d'un cours de géométrie les bons élèves ont des scores supérieurs aux élèves faibles. Avec une procédure différente, Brossard et Wargnier observent eux aussi que les bons élèves accordent une attention plus forte à la tâche lorsque l'enjeu est plus élevé [34]. La signification attribuée par les élèves à la situation scolaire semble intervenir comme un régulateur de leur fonctionnement cognitif.

Les exemples précédents, parmi d'autres observations, peuvent conduire à reconsidérer l'interprétation des difficultés rencontrées chez certains élèves. Un élève en difficulté n'est pas nécessairement un individu dont les capacités intrinsèques sont insuffisantes, c'est peut-être « plus simplement » un élève qui ne perçoit pas l'enjeu (ou le sens) du travail scolaire ou qui attribue à l'école, à la tâche, aux attentes de l'enseignant, des significations autres que celles valorisées par l'institution. Le concept de *clarté cognitive* [35] a été proposé

33. J.-M. Monteil, *op. cit.*, 1993.

34. Michel Brossard et Paul Wargnier, « Rôle de certaines variables contextuelles sur le fonctionnement cognitif des élèves en situation scolaire », *Bulletin de psychologie,* LVI (n° 412), 1992.

35. John Downing et Jacques Fijalkow, *Lire et raisonner*, Paris, PUF, 1984.

dans le domaine de la lecture pour souligner combien il est important pour la réussite de ses apprentissages que l'élève comprenne la finalité des situations et des tâches qui lui sont proposées. La dissonance entre les attentes de l'école et celles des élèves pourrait être une des expressions de la distance culturelle entre l'élève et l'école, notion avancée par les sociologues pour rendre compte des difficultés des élèves originaires des milieux sociaux défavorisés. Si l'on suit cette thèse, la clarification des contextes scolaires et, précisément, du *contrat didactique* [36] entre le maître et les élèves devrait bénéficier d'une attention toute particulière.

IV – L'APPRENTISSAGE : UN PHÉNOMÈNE INDIVIDUEL ET SOCIAL

Les approches psychologiques de l'apprentissage se répartissent en approches cognitives, pour l'essentiel le constructivisme piagétien et la psychologie cognitive du traitement de l'information, ou en approches sociocognitives. Si les unes et les autres s'accordent, au moins implicitement, sur l'existence de processus intra-individuels et d'influences sociales, elles diffèrent largement sur l'importance accordée à chacune de ces dimensions dans le développement des connaissances.

Les approches socioconstructivistes attribuent aux interventions sociales le rôle prépondérant dans le développement cognitif de l'enfant et contestent les explications intra-individuelles du développement. Un niveau d'analyse strictement intra-individuel est assurément insuffisant pour rendre compte des acquisitions et des performances cognitives. Tout apprenant est un sujet certes confronté individuellement à un certain nombre de tâches mais dont les connaissances et les savoir-faire sont pour la plupart d'entre eux le fruit d'une intervention sociale. Centrées sur l'analyse du fonctionnement cognitif dans un contexte social, les approches sociocognitives

36. Maria-Luisa Schubauer-Leoni, « Le contrat didactique : un cadre interprétatif pour comprendre les savoirs manifestés par les élèves en mathématiques », *European Journal of Psychology of Education,* I (n° 2), 1986.

peuvent dès lors apparaître comme plus appropriées à la compréhension des phénomènes d'éducation.

D'un autre côté, l'apprentissage est aussi le rapport d'un sujet à un objet et à une tâche. Dès lors, pour comprendre l'apprentissage, il faut aussi en étudier les mécanismes chez l'individu et à cette fin se préoccuper des composantes et des contraintes du système cognitif. C'est à ce niveau qu'intervient la psychologie cognitive qui situe les bases de l'apprentissage dans le traitement cognitif de l'information, les procédures, les stratégies et les connaissances de l'individu.

En définitive, le champ de la psychologie des apprentissages est divisé en approches complémentaires et non pas incompatibles. L'apprentissage cognitif pouvant être compris comme un phénomène individuel et social, le défi qui s'impose alors à la psychologie est d'expliquer l'articulation des processus d'acquisition individuels et psychosociaux. Sur un autre plan, celui de l'éducation scolaire cette fois, il est raisonnable de penser que c'est la combinaison de situations individuelles et de situations d'interaction sociale qui offre les conditions d'apprentissage les plus favorables aux acquisitions.

Chapitre III

LES APPRENTISSAGES SCOLAIRES FONDAMENTAUX

Les recherches psychologiques sur les apprentissages scolaires se sont particulièrement développées depuis deux décennies dans un contexte dominé par la psychologie cognitive du traitement de l'information. Dans plusieurs domaines, les recherches ont abouti à l'élaboration de *modèles du fonctionnement expert* se présentant sous la forme de descriptions de l'activité complexe en composantes de traitement élémentaires. Parallèlement, l'intérêt des psychologues pour les acquisitions s'est traduit par la construction de *modèles développementaux* destinés à décrire l'évolution des apprentissages chez l'apprenant. Les travaux sur la lecture-compréhension, sur la production écrite et sur les acquisitions numériques, présentés ci-dessous, fournissent trois illustrations exemplaires de la contribution de la psychologie cognitive à l'étude des apprentissages scolaires.

I – La lecture-compréhension

La lecture est une activité complexe de traitement d'informations graphiques dont l'objectif est d'extraire la signification d'un énoncé écrit. La compréhension, objectif ultime du lecteur, est le produit de deux ensembles d'opérations : d'une part, des activités spécifiques, le décodage, destinées à analyser puis à saisir l'information graphique pour accéder à l'information linguistique : d'autre part, une série d'activités mentales de traitement des significations qui relèvent de la compréhension proprement dite. Les deux composantes fondamentales de la lecture – décodage et compréhension – fonctionnent en interaction. Pour des contraintes de présentation, elles vont être présentées successivement.

L'acquisition de l'identification des mots écrits

La capacité des lecteurs à identifier les mots écrits se développe en plusieurs étapes correspondant à plusieurs procédures de traitement des mots. Le modèle de référence, proposé par Uta Frith [1], distingue trois étapes : *logographique, alphabétique* et *orthographique*.

L'étape logographique

Dans une période initiale débutant vers trois ans, les enfants se montrent capables de reconnaître des signes écrits de leur environnement : leur prénom, des étiquettes de produits, le nom de magasins, des mots familiers… Cette lecture « *globale* » ou *logographique* s'appuie sur la reconnaissance d'indices visuels, lesquels peuvent appartenir au contexte dans lequel les mots apparaissent (par exemple, un logo publicitaire, un emballage…) ou être pris dans le mot lui-même : des traits graphiques saillants, sa longueur, une lettre ou un groupe de lettres… Les recherches montrent que les indices de reconnaissance peuvent évoluer vers une prise en compte de plus en plus précise des caractéristiques graphiques du mot.

La lecture logographique se caractérise par un traitement purement visuel de l'information écrite. Elle ignore les dimensions phonologiques et linguistiques des mots. Elle correspond à une pseudolecture, permettant la constitution d'un vocabulaire visuel limité (de 40 à 100 mots) et ne préjuge pas des performances ultérieures en lecture. De futurs dyslexiques peuvent constituer initialement un vocabulaire logographique tout à fait normal.

1. Liliane Sprenger-Charolles et Séverine Casalis, *Lire, Lecture et Écriture : acquisition et troubles du développement*, Paris, PUF, 1996.

L'étape alphabétique

La deuxième étape de l'acquisition se caractérise par l'utilisation dominante de la *médiation phonologique* qui repose sur la mise en correspondance de l'écrit avec l'oral au niveau des relations entre graphèmes et phonèmes. Cette procédure réunit trois opérations qui chacune peut donner lieu à des difficultés particulières : segmentation en graphèmes, conversion en phonèmes, enfin fusion des phonèmes. Le lecteur procède à l'analyse séquentielle des mots, graphème après graphème dans un premier temps puis en traitant des unités plus larges (syllabes). Des progrès interviennent également dans la vitesse de traitement et dans la prise en compte des règles de conversion particulières.

Les recherches montrent que l'utilisation de la médiation phonologique est systématique chez les enfants en début d'apprentissage de la lecture, y compris dans les tâches de lecture silencieuse. Cette procédure constitue un puissant mécanisme d'auto-apprentissage dans la mesure où elle permet aux enfants d'identifier des mots nouveaux et, en cas de succès, de renforcer leurs connaissances des correspondances graphème-phonème. Les enfants qui maîtrisent le mieux la médiation phonologique lui associent une seconde procédure faisant intervenir des correspondances entre unités plus larges, grâce à l'exploitation des *analogies* entre les mots (par exemple, la lecture de « *loin* » facilitera celle de « *coin* »).

L'étape orthographique

L'étape orthographique correspond au début de l'expertise en lecture. La procédure prédominante est la reconnaissance des mots à partir de leurs caractéristiques orthographiques sans recours systématique à la conversion phonologique. Cette procédure, la seule efficace pour les mots irréguliers (*femme, monsieur, faon*...), intervient pour les mots familiers ou fréquents. En effet, les mots ne peuvent être reconnus que s'ils ont déjà été rencontrés et stockés en mémoire.

La mémorisation des mots et leur reconnaissance en lecture dépendraient de la maîtrise de la médiation phonologique. Les recherches ont montré que l'utilisation réussie de la médiation phonologique permet de progresser rapidement dans l'apprentissage de la lecture et de prédire le niveau de lecture atteint ultérieurement. De nombreux travaux comparant lecteurs malhabiles et lecteurs normaux attestent que des différences de maîtrise de la conversion phonologique sont systématiquement à l'origine des différences de compétences en lecture.

La conscience phonologique

L'influence déterminante de la médiation phonologique dans l'acquisition de la lecture a été largement confirmée par l'étude des relations entre l'apprentissage de la lecture et les capacités d'analyse phonologique ou capacités métaphonologiques. Celles-ci désignent la capacité du sujet à reconnaître, situer, manipuler…, les unités non signifiantes de la langue orale que sont les syllabes, les rimes et les phonèmes. Un certain niveau de réflexion, d'analyse et de contrôle intentionnel de la structure de l'oral (ou conscience phonologique) facilite l'accès à la voie phonologique et donc à la lecture. C'est ce que montre une large série de travaux rapportés par Lecocq (1991) et Gombert (1990).

L'effet facilitateur de la conscience phonologique sur le décodage s'explique par le fait que la capacité à repérer les rimes et les phonèmes aide l'enfant à accéder au principe alphabétique, c'est-à-dire aux relations existant entre graphèmes et phonèmes.

L'accès au lexique chez le lecteur habile

Le lexique est une structure de la mémoire à long terme qui contient l'ensemble des informations linguistiques sur les mots, soit de 20000 à 40000 items associés à leurs caractéristiques orthographiques, phonologiques, morphologiques, sémantiques… Les modèles d'accès au lexique chez le lecteur habile distinguent deux voies d'accès à l'information sémantique : une *voie directe* ou *lexicale*; une *voie indirecte* ou *phonologique*.

La *voie lexicale* ou voie directe intervient pour la lecture des mots fréquents dont la représentation est stockée en mémoire. C'est la seule procédure qui permette de lire correctement des mots irréguliers. La représentation du mot en mémoire est activée à partir d'une analyse orthographique du mot écrit. Des variables telles que la fréquence d'usage des mots ou la catégorie grammaticale jouent un rôle dans l'identification. Dans des conditions précaires de lecture (lecture rapide, fatigue, distorsion de l'écriture...), un mot peut être confondu avec d'autres mots lexicalement proches. Ainsi, certains mots proches du point de vue orthographique du mot-cible (les voisins orthographiques, par exemple, *campagne* pour *compagne)* gêneront la lecture de celui-ci, surtout s'ils sont plus fréquents.

La seule voie lexicale ne permet pas de reconnaître les mots ne figurant pas dans le lexique mental. La lecture de ces mots, inconnus ou rares, est possible grâce à l'intervention de la *voie phonologique*. Cette voie procède par codage du mot écrit en formes phonologiques. Chaque séquence graphique est segmentée en unités orthographiques élémentaires puis convertie en information phonologique par application des règles de correspondance grapho-phonologique ou par analogie. Chez le lecteur habile, l'ensemble analyse-conversion-fusion est effectué automatiquement.

Les activités mentales de compréhension

Comprendre un texte peut-être conçu comme un ensemble d'opérations cognitives complexes visant à construire une représentation mentale de la situation décrite dans le texte. L'activité est commune à l'écrit et à l'oral mais le traitement de l'écrit nécessite une série d'acquisitions dépendant de l'instruction. Cette instruction vise essentiellement à implanter chez l'apprenant une habileté supplémentaire de traitement d'une information spécifique, l'information graphique. La compréhension de l'écrit est une construction de sens combinant deux sources complémentaires d'informations : l'une, fournie par les éléments de nature textuelle, est issue du décodage des données graphiques ; l'autre est composée des connaissances permanentes du lecteur présentes dans sa mémoire à long terme.

Les éléments de nature textuelle

Le lecteur traite les informations linguistiques du texte dont l'organisation respecte les règles propres à une langue donnée : les mots et les structures syntaxiques (propositions, phrases, paragraphes, épisodes) où ils sont intégrés. On a de bonnes raisons de penser que la proposition et la phrase constituent des unités de traitement de la compréhension. Au-delà des traitements lexicaux et syntaxiques qui permettent l'accès aux informations littérales le lecteur doit accéder à la structure profonde du texte. Il doit, en particulier, établir l'enchaînement des énoncés et mettre en relation les informations nouvelles prélevées dans le texte avec ses propres connaissances. En effet, la seule extraction des informations littérales est insuffisante pour la compréhension d'un texte. Certaines informations peuvent être manquantes mais indispensables à la construction du sens du texte. Le lecteur doit alors produire lui-même ces informations afin d'aller au-delà de ce qui est explicitement énoncé en effectuant *des calculs inférentiels*. Les inférences sont des productions d'informations effectuées à partir, d'une part, des informations extraites du texte et de l'environnement textuel plus ou moins immédiat et, d'autre part, des connaissances du lecteur. C'est ainsi que le compreneur exploite les « traces » des opérations de gestion textuelle effectuées par l'auteur : les anaphores nominales et pronominales, les connecteurs, les terminaisons verbales, etc.

Décodage et compréhension

Les relations complexes entre le décodage et la compréhension entrent pour une bonne part dans l'explication des difficultés ou échec dans la compréhension en lecture. Ces relations peuvent être analysées dans le cadre de la distinction entre *automatisme* et *contrôle* (voir chapitre I). La lecture est une activité complexe qui met en œuvre une série d'opérations qui entrent en compétition pour des ressources cognitives limitées. D'une manière générale, les activités complexes ne peuvent être réalisées efficacement que si certaines de leurs composantes sont automatisées, c'est-à-dire ne consomment pas de ressources cognitives. Dans le cas de la lecture, les opérations de compréhension sont extrêmement dépendantes du niveau d'automatisation du décodage. Une consommation excessive de ressources pour le décodage réduit d'autant les capacités disponibles pour la compréhension. Aussi, un lecteur peut-il échouer dans la compréhension d'un texte alors qu'il aurait parfaitement compris le même texte présenté oralement. Il faut donc reconnaître que le décodage ne doit pas être seulement maîtrisé (l'enfant réussi à identifier les mots), mais qu'il doit pouvoir être réalisé avec aisance (l'enfant identifie les mots rapidement et sans effort), c'est-à-dire de manière automatique. Cela dit, si l'automatisation du décodage est une condition nécessaire à la compréhension, elle n'en est pas une condition suffisante.

La base de connaissances

Tout compreneur dispose de connaissances activables en mémoire à long terme formant sa « connaissances du monde ». Ces connaissances, rassemblées au fur et à mesure des expériences et apprentissages du sujet, conditionnent la qualité de la compréhension en offrant un cadre susceptible d'accueillir les éléments fournis par le texte. Lorsque la base de connaissances fait défaut, les données issues du texte ne disposent d'aucune structure d'accueil afin d'y être interprétées et intégrées. Contraint d'effectuer des inférences et des recherches vaines ou trop coûteuses en ressources cognitives, le lecteur est amené à « survoler » les passages complexes.

En somme, la signification n'est pas seulement fournie par le texte dont elle serait simplement extraite. Elle est construite par le lecteur et dépend de l'importance qualitative et quantitative de sa base de connaissances.

La polyvalence du lecteur

Si la lecture met en jeu deux grands ensembles d'habiletés, celles relevant de la maîtrise d'un décodage automatisé, celles concernant l'intégration des significations et l'exploitation de la base de connaissances, elle n'est pas pour autant une simple combinaison des deux. Le lecteur doit disposer d'une habileté supplémentaire : la capacité de gérer en temps réel les différentes opérations tout en s'adaptant à la finalité de sa lecture. Ainsi, la stratégie ne sera pas la même pour lire en vue d'apprendre, se distraire, rechercher une information précise, etc. C'est la raison pour laquelle l'une des composantes cruciales de l'apprentissage de la lecture est la capacité d'être un lecteur polyvalent. La polyvalence du lecteur est l'aptitude à lire en variant les projets, les stratégies (lecture sélective, intégrale...), les situations de lecture, les supports et types d'écrits, enfin les types de textes.

II – La production écrite

Des quatre activités langagières de base (écouter, parler, lire, écrire), l'écriture, en tant que production de texte écrit, est sans doute la plus complexe. Un des objectifs des recherches en psychologie est précisément de comprendre la nature des obstacles rencontrés par les scripteurs et leur manière de surmonter ces obstacles. Une part des travaux est plutôt centrée sur les contraintes de la production écrite analysées en fonction des caractéristiques des textes. Une autre ligne, influencée par la psychologie cognitive, a le projet d'élaborer un modèle cognitif de la production du langage écrit, en tentant d'identifier des composantes relativement indépendantes et d'en décrire le fonctionnement et les interrelations [2]. Cette seconde orientation inspire l'essentiel de l'exposé qui suit.

Les processus de production écrite

Bien que l'approche cognitive de la production écrite ait connu une extension réelle dans la période récente, les connaissances produites aujourd'hui demeurent réduites et largement moins étendues que celles disponibles pour l'activité de lecture-compréhension de textes. Une synthèse des travaux permet de décrire la production d'un texte écrit comme une séquence de quatre processus : conceptualisation, formulation, transcription et révision.

La conceptualisation

L'étape initiale de conceptualisation (ou planification) traite les contenus. Elle rassemble les opérations de recherche des idées en mémoire à long terme (et/ou éventuellement dans l'environnement), d'organisation des informations récupérées et éventuellement de sélection des informations. L'organisation des contenus doit généralement être réaménagée du fait de l'absence de correspondance entre l'ordre de récupération des informations et l'ordre d'énonciation choisi par le locuteur. Les traitements en cause aboutissent à déterminer

2. Michel Fayol, *Des idées au texte. Psychologie cognitive de la production verbale, orale et écrite*, Paris, PUF, 1997; Annie Piolat et Anne Pélissier (éds.), *La rédaction de textes, approche cognitive*, Lausanne, Delachaux et Niestlé, 1998.

non seulement l'ordre mais également la hiérarchie et l'articulation des informations, cela sous l'influence des paramètres communicatifs et énonciatifs. Par exemple, le choix, l'ordre et la hiérarchie des arguments dans un texte argumentatif sont susceptibles de varier en fonction du seul destinataire.

Toute production langagière se déroule en effet sous l'influence des intentions communicatives du locuteur et des contraintes de la situation énonciative. Ces aspects, dits rhétoriques, incluent des paramètres centraux : *un thème* (écrire sur quoi), *un but* (écrire pour quoi), *un destinataire* (écrire pour qui) ainsi que des dimensions secondaires : lieu et moment de production, statut social de l'auteur, rapport entre l'auteur et le destinataire réel ou virtuel... Évoqués ici pour leur influence sur la gestion des contenus, les aspects communicatifs et énonciatifs orientent les décisions du scripteur à toutes les étapes de la production.

Les connaissances thématiques du scripteur, c'est-à-dire les idées dont il dispose en rapport avec le thème de la production, jouent un rôle crucial à ce niveau de la production. Elles influencent la qualité du texte produit : celui-ci est logiquement d'autant plus riche en idées que le scripteur dispose de plus de connaissances thématiques. Les recherches ont montré que les connaissances thématiques influencent aussi le déroulement de l'activité. La recherche et l'organisation des idées s'effectuent d'autant mieux et d'autant plus facilement que l'auteur connaît mieux le domaine sur lequel il doit écrire. Il en résulte un allégement de charge cognitive qui est susceptible de bénéficier à la gestion des autres dimensions de la production.

L'organisation des contenus serait facilitée lorsqu'existe une « superstructure textuelle », c'est-à-dire la suite organisée de catégories d'informations, susceptible de guider l'arrangement des informations (et leur récupération d'ailleurs) [3]. Le récit apparaît ainsi comme plus facile à organiser du fait de la correspondance entre la succession des événements de la situation référentielle et celle des

3. Michel Fayol, *Le Récit, une approche de psychologie cognitive*, Neuchâtel, Delachaux et Niestlé, 1985.

énoncés qui les relatent. À l'inverse, le texte argumentatif, la description, le texte explicatif donnent lieu à d'importantes difficultés du fait de la complexité des décisions à prendre concernant l'ordre d'énonciation.

La conceptualisation est une étape complexe et coûteuse. Généralement, les sujets novices ou peu entraînés ne parviennent pas ou qu'imparfaitement à mener à bien l'ensemble des tâches. Alors que les exigences d'énonciation imposent le plus souvent une *stratégie de transformation des connaissances,* ces sujets produisent « au coup par coup » selon une stratégie de *rappel de connaissances* qui consiste à formuler les informations au fur et à mesure de leur récupération. De même, l'adaptation au destinataire est régulièrement négligée chez les enfants et les scripteurs débutants, ce qui pourrait résulter de l'impossibilité dans laquelle ils se trouvent de gérer une dimension supplémentaire s'ajoutant au traitement des contenus.

La formulation

La transformation des idées en unités linguistiques implique trois types d'opérations de formulation (ou de mise en texte) : 1) la sélection et la production des mots ; 2) la construction des propositions et des phrases ; 3) la coordination des énoncés successifs sur le plan thématique (la cohérence) et sur le plan textuel (la cohésion).

Dans la gestion de l'organisation textuelle (textualisation), le locuteur doit assurer à la fois la continuité thématique (reprise du référent, emploi des pronoms anaphoriques…) et, dans le même temps, la progression des informations (introduction du « nouveau »). Cette double tâche, source de difficultés chez tout scripteur, nécessite la maîtrise et une gestion complexe de marques linguistiques très diverses : pronoms, déterminants, connecteurs, ponctuation…

La transcription

L'activité graphomotrice assure la réalisation physique du langage écrit, c'est-à-dire la transcription des unités linguistiques en unités graphiques. Cette activité, généralement automatisée chez le scripteur adulte, exige une gestion relativement lourde dans les premières années d'apprentissage. Elle est coûteuse en temps, en effort physique et en attention cognitive. Cependant, même chez l'adulte, du fait que le rythme d'écriture est beaucoup plus lent que celui de la parole (5 à 6 fois), des effets d'interférence peuvent intervenir entre la transcription et le maintien des idées ou des phrases en mémoire. Ce problème d'interférence est encore plus aigu chez le scripteur débutant dont la vitesse d'écriture est plus faible (l'élève de CE1 écrit 4 à 5 fois moins vite que l'adulte) et qui est davantage mobilisé et ralenti par la gestion de l'orthographe.

L'activité graphomotrice présente au moins deux intérêts. D'abord, la lenteur de l'exécution graphique est susceptible de permettre une planification et un contrôle en cours étendus. Ensuite, la permanence de la trace écrite donne la possibilité de revenir sur le texte et éventuellement de le modifier. L'écriture a également une fonction d'enrichissement du texte par le rapprochement d'idées insérées dans le même texte et l'activation d'idées nouvelles à partir des idées déjà produites.

La révision

La fonction du processus de retour/contrôle est d'évaluer et si nécessaire d'améliorer la qualité du texte produit. Le contrôle peut intervenir « mentalement » avant même la réalisation effective. Généralement, la révision intervient à l'issue de l'écriture et prend la forme, soit d'une mise au point en cours de production, soit d'une intervention en fin de texte ou à l'issue d'une partie conséquente de texte. Le processus complet comporte trois étapes fonctionnellement distinctes et strictement ordonnées pour un même élément de texte : 1) *la détection* est la perception d'une anomalie entre l'intention initiale (ce que l'auteur voulait produire) et le contenu du texte (ce qui est produit) ; 2) *l'identification* (ou diagnostic) correspond à la détermination de l'erreur et à sa catégorisation ; 3) *la modification* correspond à la transformation du texte.

La rareté et la difficulté de la révision pourraient tenir à des difficultés à gérer l'une ou l'autre de ces opérations. La détection repose sur la capacité de décentration (ou prise de distance) du scripteur. La difficulté à se décentrer gêne la comparaison entre ce qui est écrit et l'intention originale. L'opération de modification est, elle, totalement tributaire des connaissances – lexicales, syntaxiques, pragmatiques, conceptuelles… – de l'auteur du texte. Aussi, certains scripteurs parviennent bien à détecter et à diagnostiquer, mais ne disposent pas, pour améliorer leur production, d'un éventail de possibilités suffisamment large. Le retour sur le texte pose également le problème de l'auto-évaluation et de l'autocorrection, problème dont on sait qu'il est d'autant plus aigu que les sujets sont jeunes et/ou peu expérimentés.

La gestion de l'activité

Le nombre de composantes cognitives et de paramètres rhétoriques à gérer fait de la production écrite une tâche complexe et particulièrement coûteuse au plan cognitif. La tâche des scripteurs experts est moins ardue pour différentes raisons qui aboutissent à un allégement du coût cognitif des processus. Ils ont automatisé la gestion des aspects superficiels (composantes de « bas niveau ») : activité graphomotrice, orthographe lexicale, règles de fonctionnement de l'écrit (majuscules, segmentation…). D'autres opérations ne sont contrôlées qu'en de rares occasions : orthographe grammaticale, production lexicale, construction phrastique… Enfin, le traitement d'autres opérations est allégé grâce à l'acquisition de savoirs ou de savoir-faire : récupération des idées, organisation, textualisation… Les scripteurs novices rencontrent des difficultés pour l'ensemble de ces opérations.

Des axes d'intervention

Les éléments apportés par l'étude cognitive de la production écrite sont à même de suggérer des axes d'intervention spécifiques.

Apport de connaissances thématiques

L'intervention en direction de la base de connaissances consiste à s'assurer que le sujet devant rédiger un texte dispose de connaissances suffisantes relatives au thème abordé (informations factuelles et organisation de ces informations). Le problème est relativement plus complexe avec les enfants. Ceux-ci ont également besoin d'interventions leur permettant de renforcer les traitements destinés à la récupération en mémoire et à l'organisation des idées.

Ressources linguistiques

L'habileté linguistique du scripteur conditionne le déroulement de la production et la qualité du texte final. D'une part, la coordination et la gestion de l'ensemble de la production sont d'autant plus complexes que les dimensions linguistiques de base de la production écrite sont peu ou mal maîtrisées. D'autre part, pour mener à bien l'activité de révision, les scripteurs doivent disposer de ressources linguistiques leur permettant de choisir, entre différentes alternatives, la plus appropriée à telle ou telle situation. Si les jeunes scripteurs, en particulier, s'en tiennent à une formulation unique, c'est parce qu'ils sont sans doute peu ou pas conscients de la diversité des possibilités mais probablement aussi parce qu'ils sont limités dans l'éventail des moyens linguistiques à leur disposition. Il convient donc de s'assurer que le scripteur dispose d'un lexique adapté sur le thème abordé et d'un éventail d'éléments d'ordre syntaxique suffisamment varié. Enfin, la connaissance orthographique qui joue un rôle crucial dans la fluidité de l'écriture ne peut être négligée. Un déficit important peut même représenter un obstacle à l'engagement dans l'écriture. Aussi, sans en dramatiser l'importance, il convient de ne pas en négliger l'impact cognitif et affectif. En retour, la production écrite offre une situation de mise en pratique de l'orthographe à considérer comme un complément nécessaire à l'enseignement formel.

Les connaissances procédurales : les opérations de production

Les scripteurs débutants et un certain nombre de scripteurs expérimentés escamotent les opérations de planification et de révision. Ils débutent la transcription sans véritable recherche préalable et la planification est axée de manière privilégiée sur l'énoncé à venir. D'une certaine façon, l'étape de production des idées n'est pas dissociée des étapes de formulation et d'exécution. Jusqu'à 10-12 ans, si l'on demande aux enfants de « préparer » leurs textes, les notes prises forment un premier brouillon qui sera recopié tel quel. En résumé, la démarche de planification et la capacité de planifier un texte sont des acquisitions tardives qui mériteraient davantage d'attention pédagogique.

Concernant le retour sur le texte, toutes les recherches disponibles montrent que les corrections effectuées sont rares chez les novices qui s'en tiennent à une surveillance de la surface textuelle et s'attachent quasi exclusivement à l'orthographe des mots. En conséquence, il leur est souvent impossible de détecter des anomalies plus étendues ou plus profondes et, par exemple, ce qui relève de la discordance entre l'intention initiale et le produit final.

Enseigner les opérations de production, c'est-à-dire des connaissances procédurales est une tâche complexe. Parmi différentes techniques expérimentées, la *facilitation procédurale* est une forme d'intervention qui correspond à une aide dans la gestion des composantes de la production. L'interaction duelle entre adulte (expert) et élève (novice) est une des voies possibles : l'expert guide le processus du novice et vise à ce qu'il prenne progressivement en charge la gestion de l'ensemble du processus, en limitant progressivement ses interventions, conseils ou directives.

Les connaissances stratégiques

Les connaissances stratégiques permettent d'organiser la production afin d'en rendre la gestion compatible avec les capacités cognitives du scripteur. Ainsi, la plupart du temps, est-il peu pertinent de traiter simultanément la recherche des idées et le texte qui les exprime. Il est préférable de distribuer les différentes opérations dans le temps. En fonction de la complexité rencontrée, une telle démarche peut aller jusqu'à les réaliser comme une séquence d'activités plus ou moins indépendantes. La production écrite se déroule alors comme une succession de phases distinctes, clairement séparées dans le temps : récupération des contenus, puis organisation, puis formulation-transcription, puis révision.

Une grande attention doit être portée au degré d'automatisation des composantes de base de la production écrite. En production écrite, comme en lecture-compréhension, la vitesse de traitement et/ou la capacité de gestion cognitive de certaines dimensions, apparemment secondaires chez l'expert (orthographe en production écrite, décodage en lecture) peuvent être déterminantes pour le déroulement de l'ensemble du processus et la valeur du produit final.

III – Les apprentissages numériques

Les travaux menés au cours des deux dernières décennies ont totalement renouvelé l'approche des apprentissages numériques. Ils ont notamment fait émerger un étonnant paradoxe entre la précocité des habiletés numériques [4] et le difficile apprentissage de l'arithmétique.

Du nombre au comptage

Très tôt, les enfants comprennent qu'il existe des mots pour compter. Cette acquisition est facilitée par les caractéristiques du lexique numérique : nombre de termes réduit, syntaxe simple, signification univoque.

La chaîne numérique verbale

L'acquisition du lexique numérique se développe progressivement avec le langage et s'achève vers 7-8 ans. La conventionnalisation définitive de la chaîne des nombres passe par des niveaux successifs de stabilisation partielle. Au nombre de quatre, ils ont été identifiés par Fuson [5] qui distingue :

– le *niveau chapelet***,** le plus primitif : l'enfant est capable de réciter la suite numérique en la dévidant rapidement comme un bloc monolithique sans mise en correspondance des items lexicaux et les objets en cours de dénombrement ;

– la *chaîne insécable* : où émergent l'individualisation des nombres et leurs relations de succession. Le nombre acquiert le statut d'outil de dénombrement. Cependant, l'enfant ne peut commencer de compter à partir de l'un des items intermédiaires de la chaîne ;

– la *chaîne sécable* : l'enfant est capable de compter à partir de n'importe quel nombre sans revenir à 1. Le comptage à rebours devient possible mais en imposant une importante charge en mémoire de travail ;

---

4. K. Wynn, « Addition and substraction by human infants », *Nature*, 358, 1992 ; K. Wynn, « Origins of numerical knowledge », *Mathematical Cognition*, 1, 1995.

5. K.-F. Fuson, « Relations entre comptage et cardinalité chez les enfants de 2 à 8 ans », dans J. Bideaud, C. Meljac et J.-P. Fischer (éds.), *Les Chemins du nombre*, Lille, PUL, 1995.

– la *chaîne terminale* est comparable à celle de l'adulte. Une nouvelle possibilité apparaît : celle de compter le nombre d'éléments énumérés. L'enfant peut compter *n* éléments à partir de *x* ou ajouter *n* à un nombre quelconque. Ces nouvelles capacités de manipulation de la chaîne numérique sollicitent fortement la mémoire de travail. Le comptage sur les doigts permet précisément d'alléger la charge en mémoire.

Compétence et performance

L'une des activités où se manifeste concrètement la maîtrise de la chaîne numérique est le comptage. Or, les enfants y échouent. Cette contradiction entre le caractère tardif des réussites au comptage et la précocité du développement des connaissances numériques peut être levée si l'on envisage deux niveaux dans le fonctionnement cognitif de l'enfant [6] : d'une part, la compétence qui représente les potentialités d'un sujet dans une situation idéale dépourvue de toute contrainte de réalisation ; d'autre part, la performance qui est la traduction concrète de la compétence dans une situation particulière où apparaissent nécessairement des contraintes. Le comptage appartient à ce type de situation. Il nécessite la coordination de plusieurs contraintes : récitation du nom des nombres dans l'ordre correct avec appariement un à un jusqu'à la dernière entité comptée ; pointage (doigt ou regard) de chaque élément compté ; séparation entre ce qui a été compté et ce qui reste à compter et contrôle de ces différentes composantes. Si ces contraintes sont allégées, la performance des enfants s'en trouve améliorée. Autrement dit, le jeune enfant dispose des termes linguistiques de la chaîne numérique (connaissances déclaratives), il ne maîtrise pas toutes les connaissances procédurales indispensables à la réussite du codage.

Le comptage

Compter est une opération qui consiste à établir le cardinal d'une collection grâce à une mise en correspondance terme à terme entre un nombre et le ou les objet(s) de cette collection. Le comptage est donc une activité manipulatoire dont la réussite se fonde sur un certain

6. Michel Fayol, *L'Enfant et le Nombre*, Neuchâtel-Paris, Delachaux et Niestlé, 1990.

nombre de principes cognitifs appris progressivement. Gelman [7] isole cinq de ces principes :

1. le principe d'*adéquation unique* suppose la mise en correspondance objet-nombre et la séparation des objets comptés de ceux à compter ;

2. le principe d'*ordre stable* : la suite des nombres est fixe et immuable ;

3. le principe de *cardinalité* : le dernier nombre formulé indique le cardinal de la collection ;

4. le principe d'*abstraction* : l'hétérogénéité ou l'homogénéité des objets d'une collection n'a pas d'incidence sur le dénombrement, d'où la nécessité de traiter les objets comme des unités abstraites ;

5. le principe d'*ordre non conventionnel* (ou de non-pertinence de l'ordre) : l'amorce du décompte à n'importe quel point de la collection ne modifie pas le résultat du comptage. Celui-ci fournira le même résultat quel que soit l'arrangement spatial des objets.

Les opérations numériques

Au cours des dernières années, on a beaucoup insisté sur les capacités dont disposeraient les bébés et *a fortiori* les jeunes enfants dans le domaine des opérations numériques élémentaires [8]. Or, paradoxalement, les jeunes enfants rencontrent souvent de grandes difficultés dans l'apprentissage scolaire des opérations numériques. On se limitera à présenter deux d'entre elles, les plus élémentaires : l'addition et la soustraction.

L'addition

Contrairement à l'adulte qui récupère directement les résultats numériques en mémoire, l'élève de CP résout très fréquemment les

7. R. Gelman et C.R. Gallistel, *The Child's Understanding of Number*, Cambridge, Harvard University Press, 1978.

8. Jacqueline Bideaud et B. Villette, « Les apprentissages numériques élémentaires : psychogenèse polymorphe et variabilité interindividuelle », dans J. Lautrey (dir.), *Universel et différentiel en psychologie*, Paris, PUF, 1995.

additions simples (m + *n*) par comptage de un à un à partir du nombre le plus élevé de la paire. En revanche, dès cette époque, la résolution se fait par *récupération* en mémoire lorsque les éléments de la paire sont identiques (m + m). Progressivement, au cours de la scolarité élémentaire, les élèves abandonnent la résolution des additions basée sur le comptage et accèdent à la récupération directe en mémoire où les données s'organisent en réseau. La constitution de ce réseau associatif résulterait des co-occurrences plus ou moins fréquentes que l'enfant rencontre entre une opération et sa solution (3 + 7 = 10). Plus les rencontres sont nombreuses, plus la trace de l'association sera profonde et bien organisée et plus la réponse arithmétique sera rapidement récupérée. Le problème est que ce processus de mémorisation peut aboutir à l'enregistrement de réponses incorrectes lesquelles provoqueront ultérieurement des erreurs de résolution.

La récupération directe en mémoire, beaucoup plus rapide et efficace que le comptage, mental ou physique, n'impose qu'une demande limitée de ressources cognitives en mémoire de travail. Une implication importante est la nécessité de favoriser son installation et son automatisation par la pratique des opérations et l'apprentissage systématique des tables additives (ainsi que des tables soustractives et multiplicatives). Si l'automatisation du calcul est un but traditionnel de l'enseignement des mathématiques, l'objectif assigné ici ne concerne pas seulement la performance mais vise également à améliorer l'exploitation des ressources cognitives. L'automatisation libère une partie de ces ressources qui pourra être affectée à d'autres composantes de traitement, telles les procédures requises par les additions plus complexes et notamment celles qui demandent le recours à la retenue.

La soustraction

L'évolution de la résolution des soustractions paraît s'opérer en trois phases. D'abord, les sujets utilisent leurs doigts comme aide mémorielle externe afin de se donner une perception globale des quantités. Ensuite, ils recourent très fréquemment à des modes de résolution par comptage avec ou sans aide digitale. Enfin, ils récupèrent de plus en plus souvent les réponses en mémoire.

S'agissant de la soustraction écrite, la quasi-totalité des erreurs proviennent de l'obligation, mal comprise par les enfants, d'« emprunter » au chiffre supérieur de la colonne de gauche pour effectuer la soustraction d'un chiffre plus grand à un autre plus petit. Tout se passe comme si les enfants n'ayant pas compris ou appris la procédure pertinente surmontaient cette difficulté en recourant à un éventail plus ou moins large de procédés dont ils ne vérifient ni la pertinence ni la conséquence. Or, un contrôle sémantique de la plausibilité des résultats obtenus améliorerait sensiblement les performances des jeunes élèves et limiterait la constitution de liaisons associatives erronées.

Il semble nécessaire que l'apprentissage des opérations élémentaires évoquées ici, mais aussi de la multiplication et de la division, ait lieu dans un contexte significatif dans lequel des connaissances déclaratives ayant trait à des situations mathématiques authentiques, et procédurales relatives à la pratique des opérations élémentaires, pourront s'associer afin de permettre une véritable compréhension des algorithmes (procédures de calcul) et, ultérieurement, leur automatisation.

La résolution de problèmes arithmétiques

Différents facteurs expliquent les échecs nombreux observés dans la résolution de problèmes arithmétiques apparemment très élémentaires. S'agissant des enfants les plus jeunes (école maternelle), la résolution de problèmes simples n'est possible que dans des circonstances particulières, notamment lorsque la représentation des situations de référence se révèle aisée à simuler en pensée. Ainsi, dès la maternelle, les enfants sont capables de résoudre des problèmes du type suivant : *« Paul avait trois billes. Jean lui a donné cinq billes. Combien de billes Paul a-t-il maintenant ? »* ou *« Paul avait huit billes, il a donné cinq billes à Jean. Combien de billes Paul a-t-il maintenant ? »*. Or, ces mêmes élèves échouent jusqu'au cours élémentaire avec des problèmes du type suivant : *« Paul avait trois billes. Jean lui a donné des billes. Paul a maintenant six billes. Combien Jean lui a-t-il donné de billes ? »* ou *« Paul avait des billes. Il en a donné cinq à Jean. Maintenant Paul a trois billes. Combien Paul avait-il de billes ? »*.

Apparemment, ce n'est pas l'opération arithmétique, addition ou soustraction, qui met l'enfant en difficulté, mais plutôt la situation de référence. Celle-ci est caractérisée par deux grandes catégories de facteurs qui déterminent la plus ou moins grande facilité avec laquelle l'enfant élabore le sens de la situation décrite dans l'énoncé. La première concerne la sémantique des problèmes, la seconde, l'impact des formulations.

Les relations sémantiques dans les problèmes

Trois types de relations sémantiques ont été répertoriés par Fayol dans les énoncés de problèmes :

– le changement : *X avait 3 billes. Puis Y lui a donné 5 billes. Combien de billes a maintenant X ?*

– la combinaison : *X a 3 billes. Y a 5 billes. Combien X et Y ont-ils de billes ensemble ?*

– la comparaison : *X a 8 billes. Y a 5 billes. Combien X a-t-il de billes de plus que Y ?*

Les problèmes de type « changement » sont très difficiles à résoudre lorsqu'il s'agit de trouver l'état initial. Ce n'est qu'à partir du CE2 que le taux de réussite devient important. Les problèmes de type « combinaison » suivent la même règle : le cardinal de l'ensemble X + Y est plus facile à trouver que l'un quelconque des sous-ensembles. Ce sont les problèmes de type « comparaison » qui sont les plus difficiles à résoudre.

La formulation des énoncés

En ce qui concerne la formulation des énoncés, plusieurs facteurs interviennent qui compliquent la tâche d'élaboration de la représentation de l'élève. Ce sont notamment l'agencement des propositions successives (par exemple l'emplacement de la question), le choix du vocabulaire utilisé et la taille des énoncés. Le placement de la question en tête de l'énoncé entraîne une amélioration systématique des scores, à tous les âges et pour tous les types de problèmes. L'ambiguïté résultant, soit du vocabulaire, soit de la trop grande brièveté de l'énoncé, ou encore de la conjonction des deux, conduit les enfants à recourir à des présuppositions qui accroissent encore les difficultés. Une reformulation de l'énoncé rendant plus explicites les relations sémantiques facilite la résolution des problèmes, surtout chez les plus jeunes qui ne maîtrisent pas encore les différents types de structures sémantiques.

L'extraordinaire hétérogénéité des connaissances numériques et arithmétiques est une donnée fondamentale chez les enfants de l'école élémentaire. Un déficit socioculturel a souvent été invoqué pour expliquer les difficultés rencontrées en mathématiques par les enfants des milieux défavorisés. Or, il n'existe pas d'arguments expérimentaux convaincants qui confirment cette hypothèse. Comme le fait remarquer Bideaud, les différences individuelles en arithmétique élémentaire peuvent apparaître aussi bien aux intersections entre les facteurs cognitifs et les facteurs sociaux qu'à l'intérieur même de chaque catégorie.

IV – Des modèles pour l'éducation ?

La psychologie cognitive décrit les activités cognitives comme une succession d'opérations de traitement dont la planification, l'exécution et le contrôle dépendent d'un nombre limité de processus qui agissent sur des représentations (ou connaissances) internes et mobilisent des ressources attentionnelles (ils ont un coût cognitif). Les modèles élaborés dans ce cadre théorique offrent une analyse des apprentissages scolaires fondamentaux qui ouvre des perspectives concrètes à l'instruction, à l'évaluation et à la remédiation des apprentissages. Par exemple, dans l'évaluation des difficultés d'apprentissage, la possibilité de repérer des composantes autonomes, ou relativement autonomes, dans une activité peut permettre de mesurer le fonctionnement de telle ou telle composante particulière et, le cas échéant, d'intervenir en direction de la composante identifiée comme cause du dysfonctionnement (voir chapitres IV et V).

Cela dit, les modèles cognitifs ne sont pas des modèles d'enseignement. Il serait peu sérieux, par exemple, de croire que pour enseigner efficacement une activité scolaire il est nécessaire d'enseigner séparément et successivement chacune de ses composantes. Ces modèles sont des cadres descriptifs et explicatifs des conduites cognitives à partir desquels des modalités d'instruction (les tâches, les supports, les consignes) peuvent être définies sur des bases didactiques et pédagogiques. Ainsi, concevoir une activité complexe comme une combinaison d'opérations de traitement (par exemple, identification des mots, calcul syntaxique et traitement sémantique en lecture) pourrait conduire à veiller aux modes d'enseignement de chacune de ces opérations et de leur coordination. De la même façon, reconnaître l'importance de l'automatisation des processus de bas niveau (le décodage en lecture, l'orthographe en écriture, les opérations simples en arithmétique) pour une gestion efficiente de l'activité complexe pourrait inciter à se préoccuper des outils scolaires optimisant cette automatisation. En somme, mieux comprendre comment l'enfant apprend n'est pas nécessairement synonyme de mieux savoir comment « l'enseigner », même si les deux versants sont profondément liés.

Chapitre IV

DIFFÉRENCES ET DIFFICULTÉS INDIVIDUELLES

Le lien entre l'origine sociale des élèves et leurs performances scolaires est si robuste que pour en comprendre les mécanismes une approche sociologique pourrait de prime abord sembler plus pertinente qu'une approche psychologique. Pourtant, les psychologues ont leurs propres grilles d'analyse pour chercher, dans les conduites individuelles, les variables psychologiques qui pourraient rendre compte des adaptations ou inadaptations scolaires, que ces variables soient socialement déterminées ou pas.

Longtemps imputées à des différences d'aptitudes mentales ou d'intelligence, les différences de réussite scolaire sont aujourd'hui principalement considérées comme la manifestation de deux catégories de facteurs : des facteurs cognitifs d'une part, relatifs au traitement de l'information; des facteurs conatifs d'autre part, relatifs à l'engagement dans les conduites d'apprentissage [1]. Parmi ces facteurs, seront évoqués ici ceux qui sont, ou ont été, le plus souvent cités pour rendre compte tant de la variabilité entre les élèves que des difficultés individuelles.

1. Maurice Reuchlin, *Les Différences individuelles à l'école*, Paris, PUF, 1991.

I – L'ORIGINE SOCIALE

Les inégalités scolaires

Les difficultés scolaires touchent les élèves de façon particulièrement inégalitaire selon leur appartenance sociale. Les enfants des catégories socioprofessionnelles (CSP) les plus basses dans la hiérarchie sont, statistiquement, les plus atteints. Toutefois, si le caractère le plus discriminant est la CSP des parents, différents caractères « négatifs » peuvent se cumuler chez un même enfant, si bien que les élèves les plus en retard sont plutôt des garçons, issus des couches sociales les plus défavorisées, d'origine étrangère, appartenant à une famille nombreuse, dont la mère est sans profession.

Les performances aux tests d'intelligence varient également en fonction de l'origine sociale des enfants. Les sujets issus des milieux socioculturels favorisés obtiennent les meilleurs scores, donc des quotients intellectuels (QI) plus élevés, cela principalement dans les épreuves qui mettent en jeu le langage (épreuves verbales). Dans l'ensemble des observations, une triple liaison apparaît donc entre l'appartenance sociale, les performances aux tests d'intelligence et les résultats scolaires. Ces constats étant bien établis, l'objectif auquel s'attachent les psychologues n'est plus seulement de comparer les milieux sociaux mais davantage de parvenir à identifier les mécanismes par lesquels l'environnement social « détermine », de façon relativement stable, les niveaux scolaires et intellectuels.

La démarche classique qui consiste à confronter les caractéristiques des milieux aux conduites cognitives et scolaires des enfants est ardue du fait que les différents milieux sociaux et familiaux se distinguent par des aspects multiples (par exemple : cadre de vie, loisirs, pratiques culturelles, conversations…), lesquels généralement varient ensemble. Une étude des pratiques de lecture des élèves de collège [2] permet d'illustrer la difficulté à tirer des conclusions claires de l'analyse des variables sociales. Cette étude révèle une relation entre le nombre d'ouvrages lus par les adolescents et la profession ou

2. François de Singly, *Lire à 12 ans*, Paris, Nathan, 1989.

le diplôme de leur mère : 47 % des collégiens dont la mère est professeur sont de « grands » lecteurs contre 21 % dont la mère est employée ; à l'inverse, 61 % des adolescents dont la mère possède le certificat d'études primaires pour tout diplôme sont de « petits » lecteurs contre 29 % dont la mère est titulaire d'une licence. Sur la base de ces données, on est évidemment tenté de croire que le diplôme (ou la profession) de la mère explique les quantités de lecture de l'enfant. Or, il n'est pas possible de conclure dans ce sens du fait que d'autres caractéristiques peuvent distinguer les milieux sociaux considérés. À titre d'exemples, la capacité financière d'acheter des livres ou la possibilité de s'isoler pour lire pourraient également rendre compte des comportements de lecture. L'expérimentation étant peu adaptée à l'étude des influences sociales, une démarche utile pour disposer de quelque hypothèse valide est de comparer des milieux distingués sur une seule dimension.

Éducation familiale et développement cognitif

Dans une étude célèbre, Jacques Lautrey a pris cette orientation méthodologique [3]. Chercheur d'orientation piagétienne, Lautrey souhaitait expliquer de quelle façon l'éducation familiale pouvait solliciter le processus d'équilibration, mécanisme général du développement de l'intelligence pour Piaget [4] (voir chapitre I). Délaissant les pratiques culturelles de la famille, dimension *a priori* la plus fortement liée au développement intellectuel, Lautrey s'est intéressé à la *structuration de l'environnement familial*, variable qui désigne les règles de vie quotidienne imposées à l'enfant. Cette dimension permet de distinguer trois types de milieux :

– *à structuration rigide :* règles strictes, pas d'événement imprévisible. Ex. : l'enfant ne peut regarder la télévision que la veille des congés scolaires.

3. Jacques Lautrey, *Classe sociale, milieu familial et intelligence*, Paris, PUF, 1980.

4. Selon Piaget, les facteurs biologiques (maturation), les influences sociales et l'action sur les objets ne suffisent pas à expliquer le développement cognitif. Un rôle capital serait joué par l'équilibration, mécanisme qui permet l'articulation entre perturbations et compensations.

– *à structuration souple :* règles souples, adaptation aux circonstances. Ex. : l'enfant regarde la télévision en fonction de l'intérêt du programme.

– *à structuration faible :* pas de règles, événement totalement imprévisible. Ex. : la télévision est soumise au bon vouloir (aléatoire) des parents.

Lautrey a rapproché les performances scolaires et intellectuelles des enfants (1 500 garçons de 10 ans) aux indications données par les parents sur leurs pratiques éducatives. Les réponses désignent clairement le milieu à structuration souple comme le plus favorable au développement cognitif et à la réussite scolaire de l'enfant. Ce type de milieu présenterait un triple avantage : 1) une organisation suffisamment régulière pour que l'enfant puisse en inférer des règles ; 2) parallèlement, des occasions de perturbations donc de déséquilibre ; 3) enfin, des conditions nécessaires aux rééquilibrations. Dans une perspective piagétienne, cette combinaison est la plus favorable aux constructions cognitives.

Le type de structuration familiale permet de rendre compte des différences scolaires et intellectuelles entre les groupes sociaux. Il apparaît en effet que la fréquence du milieu à structuration souple, milieu favorable, croît régulièrement avec la hiérarchie socioculturelle, des ouvriers non qualifiés aux cadres supérieurs. Cette variable permet également de rendre compte des écarts au sein d'un même groupe social puisque son influence a été vérifiée à milieu socioculturel constant. L'ensemble de ces observations autorise à penser que la structuration de l'environnement familial, une des expressions de l'éducation parentale, est l'une des voies par laquelle les différences sociales engendrent les inégalités scolaires et cognitives entre les enfants.

Pour expliquer la liaison entre types de structuration et milieux sociaux, Lautrey fait appel aux conditions matérielles de vie et aux valeurs des différents groupes sociaux. Une interprétation d'ensemble des relations entre la classe sociale, le type d'éducation familiale et l'efficience scolaire de l'enfant aboutit à la chaîne causale suivante : appartenance sociale => conditions de vie => valeurs

=> règles éducatives => expériences de l'enfant => efficience cognitive => résultats scolaires.

II – L'INTELLIGENCE

L'importance accordée à l'intelligence dans le discours scolaire contraste de façon saisissante avec la fragilité scientifique de la notion et son absence d'utilité pratique. L'explication des difficultés d'apprentissage par une variable aussi composite et mal définie que l'intelligence n'ouvre en effet guère de perspectives à une pédagogie adéquate.

Les théories de l'intelligence

Toute conception de l'éducation fait intervenir, explicitement ou implicitement, une théorie de l'intelligence, tout du moins une « explication » des performances cognitives. Les *thèses innéistes* expliquent les différences individuelles par les dispositions génétiques des individus. À l'opposé, les *thèses environnementalistes* voient dans l'équipement du milieu le facteur déterminant. Dans le débat, toujours très vif, entre les partisans de ces deux thèses, les préoccupations idéologiques ont souvent pris le pas sur les interrogations scientifiques relatives au rôle respectif des facteurs héréditaires (l'inné) et des facteurs environnementaux (l'acquis) dans le développement intellectuel.

Sur ce point, si l'expérimentation animale témoigne d'un rôle massif des facteurs héréditaires, les résultats des études chez l'être humain normal sont beaucoup plus partagés. Comme la plupart des scientifiques, généticiens ou psychologues, le soulignent, toute affirmation tranchée serait aujourd'hui aventureuse. Pour l'heure, la position la plus raisonnable est celle qui considère que facteurs génétiques et facteurs environnementaux, les uns et les autres indispensables, agissent en étroite interaction et qu'il n'y a guère de sens à hiérarchiser leur impact respectif. Se trouvent exprimés là les fondements des *thèses interactionnistes*, lesquelles expliquent le développement cognitif comme le produit des expériences de l'individu dans son milieu.

L'intelligence dans l'école

On pourrait penser que les thèses interactionnistes qui mettent en avant l'activité de l'individu dans l'environnement sont prédominantes (voire hégémoniques) chez les enseignants, chargés eux-mêmes d'organiser cette activité à l'école. En réalité, deux enquêtes auprès des enseignants indiquent le contraire [5]. D'une manière générale, ces deux enquêtes démontrent que les enseignants situent « dans l'individu » l'origine de ses performances scolaires et intellectuelles, en privilégiant la thèse innéiste (les dispositions) au détriment des facteurs d'ordre environnemental (les « stimulations »).

De telles représentations, également sensibles à l'*idéologie du don,* sont préoccupantes par leurs éventuelles répercussions sur les pratiques professionnelles. Une conception innéiste (plus ou moins affirmée), qui interprète les résultats scolaires comme le produit d'une compétence intellectuelle naturelle et définitive, aura logiquement tendance à douter des possibilités de réduire les difficultés et à négliger l'aide aux plus faibles.

La mesure de l'intelligence

L'étude scientifique de l'intelligence est dans l'incapacité d'apporter des éléments à la réflexion sur les différences cognitives pour deux raisons majeures. En premier lieu, l'évaluation d'une intelligence naturelle (ou génétique) est (aujourd'hui) impossible. Les performances aux tests d'intelligence sont le produit d'un ensemble d'apprentissages. Aussi, évaluer le niveau intellectuel revient à évaluer le résultat d'une combinaison d'influences sociales et scolaires, interagissant éventuellement avec des influences génétiques. C'est donc une erreur, sinon une tromperie, d'interpréter le QI comme la mesure d'une intelligence génétique.

En second lieu, la mesure de l'intelligence « acquise » est elle-même sujette à caution, pour des raisons inhérentes au caractère flou

5. Jean-Pierre Bourgeois, « Comment les instituteurs perçoivent l'échec scolaire », *Revue française de pédagogie,* n° 62, 1983 ; Gabriel Mugny et Felice Carugati, *L'Intelligence au pluriel : les représentations sociales de l'intelligence et de son développement*, Cousset, Delval, 1985.

de la notion d'intelligence. Depuis leur création au début du siècle par Binet et Simon, les tests tentent d'évaluer l'intelligence en regroupant plusieurs épreuves censées mettre en jeu les sous-composantes de l'intelligence. Du fait de l'absence d'une définition claire de l'intelligence et de ses composantes, le choix des épreuves est obligatoirement subjectif et imparfait [6]. En effet, si les théorisations de l'intelligence en soulignent toutes le caractère composite, la liste et la nature des dimensions proposées varient considérablement d'un modèle à l'autre [7]. En outre, à l'intelligence abstraite (portant sur la manipulation de signes et de symboles), privilégiée par les tests, il faudrait d'ailleurs associer les formes d'intelligence concrète, intervenant dans la résolution de problèmes pratiques (intelligence pratique) ou dans les relations avec autrui (intelligence sociale).

C'est donc sur des bases extrêmement fragiles qu'on a construit les tests d'intelligence en sélectionnant des épreuves, d'abord aussi diverses que possible de façon à intégrer le maximum de sous-composantes de l'intelligence, ensuite, en nombre limité afin de ne pas prolonger exagérément la durée de passation des tests, enfin en puisant largement dans les connaissances, habiletés et activités développées à l'école. En définitive, si les performances aux tests expriment bien un certain niveau de fonctionnement cognitif, ce niveau de fonctionnement est bien évidemment le produit d'apprentissages socioculturels et scolaires. En somme, le QI représente davantage un quotient culturel qu'un quotient intellectuel.

On peut ainsi expliquer les corrélations entre performances intellectuelles, résultats scolaires et appartenance socioculturelle par le fait que ces trois paramètres traduisent un même phénomène : l'adaptation à une culture particulière, pour l'essentiel la culture scolaire, ou le « degré de familiarité avec un certain modèle culturel [8] ».

6. Michel Huteau, « La variété des formes et des composantes de l'intelligence », dans Maurice Reuchlin et coll. (éds.), *Cognition : l'individuel et l'universel*, Paris, PUF, 1990.

7. Voir Michel Huteau, *Manuel de psychologie différentielle*, Paris, Dunod, 1995.

8. Michel Huteau, *op. cit.*, 1990.

La valeur pronostique des tests intellectuels, c'est-à-dire le fait qu'ils sont un indicateur fiable des chances de réussite scolaire, s'explique de la même façon.

De l'intelligence au fonctionnement cognitif

L'analyse de la pratique des tests aboutit à la mise en cause, d'une part, de l'importance des influences génétiques dans les différences intellectuelles, d'autre part de la mesure même de l'intelligence. Le bien-fondé de la notion d'intelligence mériterait lui-même d'être sérieusement discuté [9]. Les tests d'intelligence pourraient avoir une valeur formative si l'on procédait au diagnostic du fonctionnement cognitif des individus pour chacune des aptitudes testées. Or, les tests servent à recueillir des performances et ne permettent pas de savoir comment ces performances sont produites. Finalement, ils ont peu d'intérêt pédagogique. Au contraire, ils présentent le risque d'induire des attentes négatives (pas toujours conscientes) à l'égard des élèves à faible QI et, concrètement, d'écarter abusivement ces élèves de certains cursus ou types de prises en charge.

Bien que certains auteurs y fassent encore référence, par commodité terminologique la plupart du temps, la notion d'intelligence a perdu l'essentiel de son attrait. Aujourd'hui, la psychologie des apprentissages préfère consacrer ses travaux à l'étude des structures de traitement, le système cognitif et ses sous-systèmes fonctionnels – mémoire, langage, perception, résolution de problèmes –, tous nécessaires à l'activité de « l'intelligence ». Cette orientation, impulsée par le développement de la psychologie cognitive du traitement de l'information, conduit à aborder les différences de performances et de capacités d'apprentissage en explorant les composantes du fonctionnement cognitif : les processus, les connaissances, les stratégies…

9. « Parce qu'il désigne trop de choses […], le mot intelligence pourrait très bien être rayé du vocabulaire psychologique », Michel Huteau dans « Intelligence, Intelligences », *Autrement*, n° 57, 1984.

III – Les facteurs cognitifs

L'approche différentielle du fonctionnement cognitif interprète les inégalités de performances entre les individus, soit comme des *différences d'ordre quantitatif* (niveau de connaissances, efficience des procédures, rapidité des traitements...), soit comme des *différences d'ordre qualitatif* (nature des procédures ou des stratégies mises en œuvre...). Une première forme de variabilité entre les individus correspondrait à des différences générales et stables dans la manière de traiter l'information. Ce type de différences sera abordé en termes de stratégies cognitives générales. D'autres différences seraient dues à des écarts de niveaux d'acquisition ou de capacités dans des domaines précis. Ce type de différences propres à un domaine sera envisagé ici pour la compréhension de textes écrits.

Les stratégies cognitives générales

L'étude des comportements d'apprentissage a mis en évidence des variantes entre les individus dans les stratégies d'acquisition et de traitement des connaissances, caractérisant, pour certains auteurs, des *styles cognitifs* [10]. Parmi les styles cognitifs, deux sont souvent décrits : la *dépendance-indépendance du champ* et la *réflexion-impulsivité*. Alors que les sujets dépendants du champ privilégieraient les informations d'origine externe, les sujets indépendants du champ auraient, au contraire, tendance à s'appuyer sur leurs propres repères et à manifester une plus grande adaptation aux situations-problèmes. Aussi ces derniers se montreraient-ils plus efficaces au plan cognitif, comme l'indiquent leurs meilleures performances scolaires. La réflexion/impulsivité oppose le style réfléchi qui consiste pour un individu à différer et contrôler sa réponse, au style impulsif qui se manifeste par la tendance à produire rapidement une réponse en négligeant le risque d'erreur. Dans les activités intellectuelles, les stratégies analytiques et systématiques des élèves réfléchis leur donneraient une efficience cognitive supérieure, laquelle les assurerait à terme d'une réussite scolaire supérieure aux impulsifs.

10. Michel Huteau, *Les Styles cognitifs*, Paris, PUF, 1985.

La thèse des styles cognitifs s'apparente à la notion de *vicariance* proposée par Reuchlin. Selon cette notion, dans la résolution d'une tâche, chaque individu disposerait de plusieurs processus de réponse, dotés le plus souvent d'une efficacité différente. Les écarts de performances entre les individus proviendraient, en partie au moins, des différences de disponibilité ou d'« évocabilité » de ces processus d'un individu à l'autre.

Des travaux sur les différences générales de stratégies, on peut retenir l'hypothèse que les différences de performances cognitives pourraient provenir de différences stables dans les modes de fonctionnement cognitif : les méthodes, les stratégies, les styles. Ces observations ont conduit certains à prôner une diversification des méthodes pédagogiques (les modes de présentation, les supports...) afin de les adapter aux « styles d'apprentissage » des élèves. À l'appui de cette orientation, Reuchlin [11] cite des travaux révélant que les méthodes d'enseignement très structurées, plutôt concrètes et directives, seraient les mieux adaptées aux élèves les plus faibles tout en étant moins efficaces pour les bons élèves.

Le souci d'adapter les méthodes pédagogiques aux stratégies d'apprentissage des élèves est une démarche complexe. D'une part, du fait que dans certains domaines au moins, des stratégies, généralement celles employées par les élèves les plus performants, apparaissent plus efficaces que d'autres. Il paraîtrait donc pédagogiquement souhaitable que tous les élèves disposent de ces stratégies apparemment meilleures [12]. D'autre part, parce que le développement des stratégies est, dans certains domaines, dépendant du niveau d'acquisition dans le domaine concerné. En d'autres mots, cela signifie que certaines stratégies ne sont pas assimilables par les sujets et donc pas « enseignables » avant qu'un certain niveau de performances ait été atteint.

11. Maurice Reuchlin, *op. cit.*

12. Michel Fayol et Jean-Marc Monteil, « Stratégies d'apprentissage et apprentissage de stratégies », *Revue française de pédagogie*, n° 106, 1994.

Différences et difficultés en lecture-compréhension

La lecture-compréhension de textes écrits demeure la source primordiale d'informations et sa réussite conditionne la plupart des apprentissages scolaires. Il est donc crucial pour les enseignants de pouvoir rapidement identifier les élèves en difficultés et, surtout, cerner la nature de leurs difficultés pour envisager des modalités d'aide adéquates. L'analyse de la lecture-compréhension en composantes élémentaires permet d'identifier plusieurs sources de difficultés, lesquelles, à des degrés divers, expliquent les différences de compréhension de l'écrit entre les élèves.

L'identification des mots

Il est maintenant bien avéré qu'une des causes majeures des différences de compréhension est la capacité d'identification des mots (ou décodage). De larges écarts de performances dans les temps de prononciation ou dans les scores de lecture de mots isolés ont été mis en évidence entre des bons et des faibles compreneurs d'école élémentaire. Les différences entre les sujets correspondent à des différences d'accès aux étapes initiales d'acquisition de la lecture des mots. Des études menées au cours des premières années scolaires ont montré que les élèves qui au départ privilégient la voie grapho-phonologique (le déchiffrage), et l'utilisent avec succès, accomplissent les progrès les plus rapides en lecture. Ces élèves deviennent ultérieurement les plus aptes à utiliser la voie lexicale (voir chapitre III). À l'opposé, les élèves qui privilégient la lecture globale (ou procédure logographique) voient leurs performances de lecture se détériorer progressivement. La plupart du temps, il s'agit de sujets qui, échouant dans l'utilisation de la voie grapho-phonologique, tentent de compenser leurs difficultés en développant une procédure de reconnaissance globale exploitant soit les caractéristiques visuelles des mots soit le contexte du mot. Ces deux procédures ont une faible efficacité. L'usage du contexte, par exemple, nécessite pour être efficace que le lecteur identifie correctement ce contexte, donc qu'il dispose de bonnes capacités d'identification des mots !

Les différences initiales de maîtrise de la voie grapho-phonologique ont des répercussions critiques à long terme puisqu'il semblerait que ce soit la maîtrise de la voie grapho-phonologique qui conditionne l'usage généralisé de la voie de lecture la plus rapide et la plus efficace, la voie lexicale. Les lecteurs débutants en échec, les dyslexiques, les illettrés, sont effectivement des sujets qui éprouvent des difficultés majeures dans l'utilisation de la voie grapho-phonologique et, plus généralement, qui présentent des troubles importants pour décoder la surface des textes.

Les habiletés d'analyse phonologique

Un nombre impressionnant de travaux ont rapproché la difficulté à maîtriser la voie grapho-phonologique de déficits de la capacité d'analyse phonologique ou *conscience phonologique.* La conscience phonologique donne la capacité d'identifier et de manipuler les unités linguistiques de la parole : syllabes, rimes et phonèmes [13]. L'importance de la conscience phonologique pour le traitement des écritures alphabétiques s'explique par le fait que la capacité de percevoir les phonèmes est la condition de l'accès au principe alphabétique, c'est-à-dire aux relations entre les graphèmes et les phonèmes. Aussi un déficit d'analyse phonologique a-t-il des répercussions fâcheuses sur l'apprentissage de la lecture. C'est ce que montrent les études longitudinales comparant la capacité d'analyse phonologique avant l'entrée dans l'apprentissage formel et les progrès ultérieurs de l'enfant en lecture et en orthographe. La comparaison des performances d'analyse phonologique entre des normo-lecteurs et des faibles lecteurs ou des dyslexiques confirme qu'un déficit de conscience phonologique est fréquemment associé aux difficultés de lecture [14].

Des différences entre faibles lecteurs et lecteurs ordinaires ont été également observées pour d'autres tâches de manipulation phonologique, épreuves de *perception fine de la parole (*répétition de mots, de syllabes) ou épreuves de *mémoire de travail phonologique* (mémorisation de mots, de syllabes, de lettres). Les données

13. Jean-Émile Gombert, *Le Développement métalinguistique*, Paris, PUF, 1990.

14. Laurence Rieben et Charles Perfetti (éds.), *L'Apprenti-lecteur*, Neuchâtel, Delachaux et Niestlé, 1989.

l'habileté à percevoir et à analyser la parole, sans avoir de conséquences directes sur la compréhension du langage parlé, pourraient retentir sur la représentation phonologique des unités perçues et, à terme, sur le traitement phonologique de l'écrit.

Décodage et compréhension

La rapidité avec laquelle les enfants de première année d'école élémentaire identifient des mots isolés s'avère être un excellent prédicteur de leur niveau de compréhension de phrases en troisième année de scolarité. Il n'y a, en revanche, pas de relation entre le niveau de compréhension en première année et la lecture de mots isolés en troisième année. Cette relation asymétrique souligne le rôle crucial du décodage dans la compréhension ultérieure. Ce rôle est confirmé par l'existence de deux catégories de lecteurs : ceux capables d'identifier rapidement un mot et dont la compréhension ultérieure de la phrase sera facilitée et les autres, moins bons compreneurs parce que moins bons décodeurs.

Les difficultés de décodage ont deux sortes de répercussions négatives sur la compréhension. D'abord, le déficit d'identification d'une partie des mots gêne bien évidemment la compréhension du texte. Le problème est d'autant plus grave que le pourcentage de mots non ou mal identifiés est important. Ensuite, la lenteur (excessive) et le coût cognitif du décodage mobilisent le lecteur au détriment de la compréhension. L'automatisation du décodage doit être considérée comme une condition fondamentale de la réussite de la compréhension en lecture. Elle permet en effet au lecteur de « se libérer » du décodage du texte et de consacrer le maximum d'attention aux opérations de compréhension.

Si des différences d'efficacité et d'aisance dans le décodage peuvent intervenir dans les différences de compréhension, chez le lecteur ordinaire aucune étude n'a pu mettre en évidence une relation entre vitesse de lecture et compréhension, sinon une relation négative traduisant le fait que l'augmentation de la vitesse de lecture se fait au détriment de la compréhension du texte.

Les connaissances thématiques

Les performances de décodage ne sont pas seules à expliquer les différences de compréhension. La compréhension d'un texte quel qu'il soit dépend massivement des connaissances dont dispose le lecteur sur le thème du texte. Opposer différents niveaux de compréhension, c'est donc poser le problème des connaissances thématiques disponibles chez le lecteur. Les difficultés de compréhension dues aux connaissances conceptuelles peuvent être aggravées si, de surcroît, le vocabulaire courant est lui aussi incertain et/ou insuffisant. Le déficit de connaissances thématiques, obstacle majeur à la compréhension, a des effets à différents niveaux. Il atteint le traitement du texte au cours même de la lecture. Ainsi, les experts d'un domaine effectuent une lecture moins coûteuse au plan cognitif que les novices dans le domaine, ce qui leur permet de consacrer davantage d'attention à une tâche parallèle à la lecture (questions, résumé...). La quantité de connaissances thématiques influence aussi le traitement de l'*information explicite* du texte ; en l'absence de telles connaissances, le lecteur ne peut correctement, en tout cas pas facilement, interpréter l'information. Le passage suivant : « *Sophie est invitée à l'anniversaire de Jacques. Elle aimerait lui offrir un cadeau. Elle va dans sa chambre et secoue sa tirelire. Malheureusement, elle reste silencieuse* », ne peut être compris que si l'on dispose de connaissances à propos des anniversaires, de la coutume du cadeau, du rôle de l'argent... Un lecteur issu d'une culture où ces pratiques n'existeraient pas serait virtuellement incapable de saisir le sens d'un récit si facile à comprendre pour nous.

L'absence de connaissances thématiques affecte encore davantage le traitement de l'*information implicite*. À ce niveau, les difficultés de compréhension relèvent d'une incapacité à produire des *inférences* pendant la lecture. Une inférence correspond à une production, par le lecteur, d'informations permettant de « lire entre les lignes » et d'assurer la compréhension fine du texte. L'auteur du texte laisse de nombreux liens implicites afin de ne pas rendre son message long et ennuyeux. Tout texte repose ainsi sur un ensemble de *présupposés*, informations dont l'auteur fait implicitement l'hypothèse qu'elles sont connues du lecteur. Ce savoir partagé est une dimension importante de la compréhension. Même des textes apparemment simples ne peuvent être compris qu'au prix de nombreux calculs inférentiels. Ainsi, dans le texte énoncé précédemment, la signification et la conséquence du silence de la tirelire, non explicitées dans le texte, sont inaccessibles pour un lecteur qui ignore ce qu'est une tirelire.

Les connaissances linguistiques

Les deux énoncés suivants : « *Pierre vend sa voiture à Paul parce qu'il a besoin d'argent* » et « *Pierre vend sa voiture à Paul parce qu'il en a besoin* », ont des structures de surface très voisines mais le référent associé au pronom *il* est différent dans chaque phrase. Dans le cas présent, l'interprétation du pronom met en jeu la « connaissance du monde » du lecteur. Des travaux récents menés dans une perspective différentielle révèlent deux lacunes chez les faibles compreneurs évalués dans leur compréhension des pronoms : d'une part, un échec dans l'identification du référent des pronoms personnels, en particulier des pronoms personnels compléments ; d'autre part, une grande rareté de procédures de contrôle (ralentissements, relectures…) dans leur comportement de lecture.

L'exemple des pronoms permet de souligner l'importance des connaissances linguistiques dans la compréhension de l'écrit. Le rôle des structures et des marques linguistiques dans la compréhension de textes est resté longtemps insoupçonné et leur maîtrise considérée comme allant de soi. Le traitement de la syntaxe (en particulier l'ordre des mots, les unités et fonctions grammaticales) ou de la ponctuation, l'interprétation des articles et des connecteurs, sont des opérations essentielles à l'intégration des informations du texte. Les travaux dans le domaine sont peu nombreux mais les relations entre la conscience syntaxique et les capacités de lecture laissent penser qu'une source de différences entre bons et faibles compreneurs pourrait correspondre à ce niveau de traitement.

La mémoire de travail

La capacité limitée de la mémoire de travail est un autre facteur susceptible de différencier bons et faibles compreneurs. Ces derniers ont de faibles performances dans les tâches qui mesurent la capacité de la mémoire de travail. Ces limites mnésiques expliqueraient notamment leurs difficultés à intégrer et retenir le produit de l'identification des mots et les idées du texte. Ils seraient également handicapés pour effectuer les traitements inférentiels ou utiliser les stratégies de traitement utiles (identification et hiérarchisation des idées, retour sur le texte lu, modulation de la vitesse de lecture, etc.).

Les habiletés métacognitives

La régulation de l'activité de compréhension est un dernier facteur susceptible de distinguer bons et faibles compreneurs. Le lecteur doit en effet « piloter sa compréhension ». Il lui faut être en mesure d'en évaluer régulièrement la pertinence et savoir gérer les difficultés rencontrées. Il doit mettre en œuvre les opérations nécessaires à la compréhension : mise en relation et hiérarchisation des informations du texte, confrontation aux connaissances préalables... L'absence ou le déficit de gestion consciente de la compréhension témoignent d'une défaillance des habiletés métacognitives, c'est-à-dire des conduites par lesquelles le sujet parvient à connaître et contrôler son propre fonctionnement cognitif.

Par exemple, les enfants peuvent ne pas réaliser qu'ils n'ont pas pleinement compris un texte ou ne pas savoir comment agir pour combler un manque de compréhension quand ils en ont conscience. À la différence des adultes, ils n'adaptent pas spontanément leur stratégie de lecture au projet de lecture. D'une façon générale, les faibles compreneurs sont davantage focalisés sur les mots individuels que sur l'ensemble du texte. C'est ainsi qu'ils ont du mal à détecter les incohérences ou les anomalies introduites volontairement dans une phrase ou un texte. Interrogés sur les caractéristiques d'un bon ou d'un mauvais lecteur, ils répondent « vitesse et efficience » pour le premier et « ignorance des mots » pour le second. Leurs réponses laissent penser qu'ils ignorent la nature de leur propre échec et conçoivent la compréhension comme une activité de traitement littéral du texte.

En résumé, comprendre un texte c'est réaliser toute une série d'opérations et mobiliser divers types de connaissances. S'il existe plusieurs origines potentielles aux difficultés de compréhension, deux se détachent : en premier lieu, les problèmes de décodage qui font obstacle à la simple prise d'informations dans le texte ; ensuite, la méconnaissance du thème abordé dans le texte. La réussite de la compréhension dépend en effet terriblement du texte lu, plus exactement de l'adéquation entre les informations apportées par le texte et les connaissances préalables du lecteur. La compréhension de l'écrit n'est pas une compétence cognitive générale ou une disposition intellectuelle. Aussi, tout lecteur, quel qu'il soit, peut rencontrer des difficultés de compréhension. Il suffit pour cela qu'il soit confronté à un texte traitant d'un domaine qui lui est étranger et usant d'un vocabulaire spécifique. Il existe aussi un versant linguistique et un versant métacognitif : un manque de maîtrise des marques linguistiques d'une part, une mauvaise gestion/régulation de l'activité d'autre part sont également de nature à provoquer ou amplifier des difficultés. Dans une perspective d'évaluation diagnostique, une telle analyse en composantes est à même de spécifier la nature, en termes de niveaux du traitement ou de types de connaissances, et l'amplitude des défaillances locales. Mise en œuvre, ici pour la compréhension de textes écrits, cette démarche analytique pourrait s'appliquer à d'autres activités complexes (production écrite, résolution de problèmes...)

IV – Les facteurs conatifs

Sans qu'ils ignorent l'influence des intentions, motivations, valeurs et émotions de l'individu dans le déroulement des apprentissages, les courants dominants de la psychologie des apprentissages sont loin d'avoir consacré aux variables *conatives* [15] la même attention qu'aux variables cognitives. À la perception scolaire d'une motivation simple et univoque, les recherches de psychologie substituent un réseau complexe de conduites et de représentations, reliées elles-mêmes de façon complexe aux conduites cognitives.

15. M. Reuchlin, *op. cit.*

La motivation

Le rôle des sanctions

La motivation est généralement définie comme un ensemble de mécanismes qui assurent le déclenchement, la régulation et le maintien du comportement jusqu'à la réalisation des intentions initiales. Cette définition s'applique aussi bien aux comportements instinctifs de satisfaction des besoins biologiques qu'aux conduites psychologiques. Seules ces dernières seront bien évidemment considérées ici, tout en gardant à l'esprit l'idée qu'une dimension fondamentale sous-tend les uns et les autres : la recherche de satisfaction.

Les travaux béhavioristes sur le conditionnement ont fait de la recherche des gratifications (nourriture) et de l'évitement des punitions (douleur) des facteurs centraux des comportements d'apprentissages, au même titre que le savoir préalable. Ces travaux ont mis en évidence deux propriétés de la motivation (chez l'animal). D'abord, les punitions sont apparues bien moins efficaces que les récompenses et leur répétition donne lieu à des comportements d'abandon de l'activité ou de *résignation apprise*. Ensuite, il est apparu que la présence du renforcement, pour importante qu'elle soit, ne suffit pas, l'intensité du renforcement (= quantité de nourriture), soit *la valeur incitative* de la récompense, intervient aussi de façon marquée.

Ces constats apparaissent, en partie, transposables à la gestion de la notation dans le cadre scolaire. La manipulation expérimentale des notes sur les copies [16] révèle en effet que les sanctions positives ont une influence positive alors que les sanctions négatives ou les commentaires neutres ont une influence négative. En d'autres mots, la source de motivation des élèves est clairement dans l'expérience de la réussite [17].

Le rôle de l'estime de soi

Afin de faire intervenir des mobiles psychologiques d'ordre supérieur, les travaux contemporains ont introduit une distinction entre la

16. Attribution aléatoire d'appréciations positives, négatives ou neutres aux productions des élèves.

17. Alain Lieury et Fabien Fenouillet, *Motivation et réussite scolaire*, Paris, Dunod, 1996.

motivation extrinsèque, liée à la recherche des récompenses (ou à l'évitement des punitions) et la *motivation intrinsèque* liée à la recherche de satisfaction dans la pratique de l'activité elle-même.

Pour les théories de l'apprentissage social, le souci de la valorisation de soi est le moteur des conduites humaines. Orienté par la recherche de réussite, l'engagement de l'individu dans une tâche serait dépendant d'un *sentiment d'auto-efficacité* (ou compétence perçue) : l'individu s'engage dans une tâche qu'il se considère capable de réaliser, cherchant une réussite lui permettant d'augmenter son *estime de soi*. Avec une approche très voisine, la théorie de probabilité-valence, proposée par Atkinson, distingue trois facteurs de motivation : la recherche du succès, l'évitement de l'échec et l'attente de succès. L'investissement dans une tâche est subordonné à la représentation que le sujet se fait de lui-même et de la tâche.

Pour Deci et Ryan [18], le besoin d'estime de soi s'accompagne d'un *besoin d'autodétermination*. Leur théorie envisage la motivation des individus comme le produit de la compétence (*vs* de l'incompétence) perçue et du sentiment d'autodétermination (*vs* de contrainte). Un haut degré de compétence perçue associé à un sentiment d'autodétermination produit la motivation intrinsèque supérieure : l'individu agit parce qu'il a des attentes de réussite et le sentiment d'être autodéterminé. À l'opposé, le double sentiment d'incompétence et de contrainte engendre la *résignation apprise* (ou a-motivation), état psychologique qui survient lorsque l'individu ne perçoit plus de solution pour améliorer ses résultats [19]. Entre ces deux extrêmes existent différentes formes intermédiaires où motivation extrinsèque et motivation intrinsèque interviennent de concert dans la régulation du comportement.

La motivation intrinsèque serait affectée par tout ce que l'individu perçoit comme une perte d'autonomie, donc par les récompenses, les contrôles..., c'est-à-dire les sollicitations externes dont la motivation

18. E.L. Deci et R.M. Ryan, *Intrinsic Motivation and Self-Determination in Human Behavior*, Plenum Press, 1985.

19. Stéphane Ehrlich et Agnès Florin, « Ne pas décourager l'élève : étude sur l'échec de fonctionnement des enfants en classe », *Revue française de pédagogie*, n° 86, 1989.

extrinsèque est précisément tributaire. Des travaux ont validé la pertinence de cette thèse en montrant que si l'autonomie accordée aux élèves favorise leur motivation intrinsèque, certaines formes de contrôle d'une activité peuvent affaiblir l'intérêt des élèves pour cette activité.

Dans le cadre scolaire classique, si tout enseignant souhaite, à terme, l'accroissement de la motivation intrinsèque de ses élèves, il lui faut aussi se servir des récompenses, ne serait-ce que verbales, pour les élèves peu intéressés, c'est-à-dire à faible motivation intrinsèque.

Les aspirations et les valeurs

En fonction de leurs expériences, de leurs conditions de vie et des contraintes diverses qu'ils subissent, les élèves manifestent des intérêts spécifiques, qui s'expriment dans le choix des activités, et des intérêts plus généraux, parfois moins conscients, qui s'expriment sous forme de valeurs et d'aspirations. Par l'intermédiaire des intérêts, des aspirations et des valeurs, la motivation est sous l'influence de l'origine sociale des individus.

Les groupes sociaux se distinguent dans la hiérarchie générale des valeurs et en particulier des valeurs appartenant au domaine de l'éducation. L'expression de la réussite est l'une des valeurs influencées socialement. Ainsi est-elle plus modeste chez les jeunes et les adultes des milieux populaires pour qui la réussite signifie souvent stabilité et sécurité, tandis que dans les milieux socialement plus aisés elle s'identifie généralement à la possibilité d'expression de soi et à l'occupation d'une position sociale prestigieuse. L'orientation vers la réussite est traduite dans les aspirations des individus : leur ambition sociale, leur choix professionnel, leur intérêt pour l'école… Le niveau d'aspirations exprime également des croyances relatives aux capacités de réalisation donc à des attentes de succès.

Les aspirations déterminent des buts et des sous-buts organisés hiérarchiquement, chaque but ou sous-but constituant une étape dans la réalisation de buts situés à un niveau hiérarchique supérieur. La motivation pour atteindre un objectif lointain s'articule alors en motivations successives pour chacune des étapes qui peuvent y conduire, ce qui revient à distinguer une motivation orientant l'activité du sujet vers des tâches immédiates considérées pour elles-mêmes, d'une motivation orientée vers des objectifs plus lointains. Dans la régulation des conduites, valeurs, aspirations, buts et motivations fonctionnent alors comme des variables « en tiroir ». C'est sur la base des valeurs et des aspirations des individus qu'on peut prédire le niveau de difficulté des buts qu'ils se donnent, leur intérêt pour certaines activités et la quantité d'efforts qu'ils consentiront à investir.

Les attributions

Les attentes de succès chez les individus sont tributaires de leurs expériences antérieures et des attributions causales auxquelles ces expériences donnent lieu, c'est-à-dire des explications que l'individu donne de ses performances [20]. Plusieurs dimensions sous-tendent l'explication causale des conduites et de leurs résultats. Le *lieu de contrôle (locus of control)* désigne le caractère, interne ou externe, des facteurs auquels le sujet attribue ses conduites. L'attribution est interne lorsque le sujet se considère responsable par ses capacités ou ses actes (facteurs dispositionnels) de ses performances. L'attribution est externe lorsque ce sont des facteurs situationnels qui sont avancés pour expliquer les performances : la difficulté de la tâche, l'intervention des autres, la chance…

Il est facile de comprendre que les modes d'attribution prédominant chez les élèves interviennent sur leur investissement scolaire ; par exemple, l'attribution des difficultés à un facteur interne comme le manque de capacités est source de démotivation. La résignation apprise correspond généralement à une attribution à trois dimensions, interne, globale et stable : le sujet explique son échec par une incapacité personnelle générale et permanente. L'espoir demeure pour l'individu lorsque l'échec est attribué à une cause interne et instable (exemple : le manque de travail) ou externe et instable (exemple : une tâche exceptionnellement difficile).

L'orientation, interne ou externe, des attributions peut être considérée comme un trait de personnalité acquis. Les études comparatives

20. Les attributions désignent la nature des explications données par les individus aux événements dont ils sont acteurs (leurs propres conduites) ou observateurs (les conduites d'autrui).

révèlent une forte association entre un mode d'attribution interne et la réussite, scolaire ou sociale, un même individu pouvant toutefois élaborer des explications différentes selon les situations ou les activités. La prédominance des attributions internes chez les individus serait l'expression d'*une norme sociale d'internalité* engendrant « une surestimation du rôle de l'acteur en matière d'explication des conduites et renforcements [21] ». Norme d'internalité et conduite d'internalité se construiraient principalement dans la famille et l'école, deux institutions qui l'une et l'autre prônent et valorisent la responsabilité individuelle et l'initiative personnelle.

La spirale de l'échec

L'éducation scolaire est un processus au cours duquel le résultat d'une étape joue un rôle de renforcement pour les étapes à venir. Toute réussite intervient comme un facteur important de satisfaction, de renforcement de l'estime de soi et de maintien des aspirations. Aussi l'individu aura-t-il tendance à renforcer son investissement dans les activités où il réussit. A contrario, un échec engendre une déception immédiate et la répétition des échecs une baisse d'intérêt pouvant aller par effet cumulatif jusqu'à l'appréhension et l'évitement des activités sources d'échec. Une situation insolvable, comme un échec systématique, aboutit à un sentiment général d'auto-inefficacité et à une profonde dégradation de l'estime de soi. Le besoin de préserver malgré tout une image de soi positive conduit les élèves à adopter des stratégies compensatoires, tels le rejet de l'activité scolaire et l'orientation vers d'autres buts et d'autres activités.

La résignation, la dépression, le désengagement, la dégradation de l'image de soi scolaire sont des conduites apprises. Leur émergence peut sans doute être antérieure ou extérieure aux expériences scolaires. Cependant, les conditions d'évaluation, les sanctions négatives, les commentaires des enseignants, des pairs également, participent à la stabilisation et au renforcement de ces conduites. Dans la classe, le jeu des sanctions positives et négatives aboutit à encourager

21. Jean-Marc Monteil, *op. cit.*, 1989.

ceux qui sont pleinement motivés et à désespérer, plutôt qu'à aider ceux qui sont en difficulté.

V – Différences et différenciation

Des études différentielles de l'apprentissage, il ressort que les performances des individus entretiennent des relations avec une pluralité de variables. Des facteurs cognitifs et des facteurs conatifs influencent de façon conjointe ou interactive les conduites d'apprentissage. Il s'ensuit qu'à un moment donné les insuccès scolaires correspondent davantage à l'effet d'une accumulation ou d'une intrication de facteurs négatifs qu'à l'intervention d'une variable isolée.

L'élève en difficulté ou en échec scolaire a généralement des difficultés d'ordre cognitif dans la résolution des tâches scolaires. Il est vraisemblablement aussi victime d'une dégradation de son investissement et de son image de soi scolaires. Il a aussi une histoire personnelle qu'il est important de prendre en compte. Les liens interactifs entre ces différents types (ou sources) de difficultés soulignent la nécessaire pluralité des aides à apporter et peuvent conduire à s'interroger sur le bien-fondé des interventions sélectives, certaines se préoccupant du renforcement des seuls apprentissages, d'autres considérant les seules dimensions psychoaffectives de l'élève.

Dans une approche interactionniste des relations entre l'élève et l'école, les difficultés scolaires sont perçues comme le produit de l'inadéquation entre la culture de l'élève et la culture de l'école. Si l'école ne crée pas la diversité entre les élèves, elle traduit cette diversité en inégalités scolaires. On n'ignore plus aujourd'hui que certaines méthodes d'enseignement favorables aux bons élèves peuvent être contre-indiquées pour les élèves faibles. Aux différents niveaux du système éducatif, chacun est bien conscient que l'uniformité de l'enseignement ne peut aboutir qu'à une aggravation des inégalités scolaires. Pourtant, bien que la différenciation de la pédagogie soit appelée de tous côtés, son installation et ses modalités de fonctionnement sont loin d'être acquises !

Chapitre V

PSYCHOLOGIE ET ENSEIGNEMENT

Alors que la contribution de la psychologie à l'éducation est longtemps restée circonscrite aux « lois fondamentales de l'apprentissage » traduites en grands principes éducatifs [1], la psychologie paraît à même aujourd'hui de proposer des supports autrement plus concrets à la réflexion didactique et à l'action pédagogique. Quelques-uns de ces « repères pour l'action [2] » éducative sont présentés dans la suite. Ils permettent d'illustrer le rôle de *science ressource* que peut jouer la psychologie auprès de l'éducation, au bénéfice de l'instruction, de l'évaluation et de la remédiation des apprentissages.

I – Développement, apprentissage et instruction

Que l'on consulte les textes officiels ou la littérature pédagogique, c'est une sorte d'« expertise » en didactique et en pédagogie qui est attendue aujourd'hui de l'enseignant. Deux notions psychologiques y concourraient de manière fondamentale : d'une part, la connaissance du développement cognitif de l'élève; de l'autre, la connaissance des mécanismes d'apprentissage. Ces deux notions délimitent effectivement deux types de contraintes sur l'apprentissage.

1. Hervé Terral, « La psychopédagogie : une discipline vagabonde », *Revue française de pédagogie*, n° 107, 1994.

2. Jean-Marc Monteil, *Éduquer et former, perspectives psychosociales*, Grenoble, PUG, 1989.

Les contraintes du développement cognitif

Il existe au moins deux versions du développement cognitif, lesquelles sont susceptibles d'orienter l'enseignement dans deux directions opposées. Selon une conception d'inspiration piagétienne stricte, le niveau de développement cognitif est assimilé à une capacité de fonctionnement qui limite l'enfant dans ses capacités d'apprentissage : *l'enfant apprend parce qu'il se développe.* Dans la logique de cette conception, il importe de connaître le niveau de développement cognitif de l'élève pour optimiser ses apprentissages. Or, comme le souligne fort justement Bronckart [3], le concept de développement cognitif envisagé de cette façon est une base de décision inexploitable à l'école. On ne peut en effet attendre d'un enseignant la connaissance du niveau de développement cognitif de chacun de ses élèves. Plus important, concevoir le développement cognitif comme un plafond de compétences, dépendant d'une maturation interne (ce qu'il est en partie), conduit à interpréter les échecs dans les apprentissages comme des retards de développement, lesquels pourraient rendre vaine toute intervention éducative.

Selon une seconde conception, inspirée de Vygotsky, le développement cognitif est conçu comme un état de savoirs et de savoir-faire, fruit des apprentissages déjà réalisés : *l'enfant se développe parce qu'il apprend.* Pour paraphraser Vygotsky, c'est grâce aux apprentissages que s'opère le développement. Appliquée à l'interprétation des difficultés d'apprentissages, cette conception considère que les obstacles rencontrés par certains enfants sont le résultat d'un déficit d'expériences que l'instruction aura pour tâche de compenser.

Cette dualité de conceptions des rapports développement/apprentissages induit donc une distinction entre deux types de difficultés d'apprentissage chez l'élève : d'un côté, les retards de « maturation », toujours possibles mais exceptionnels ; de l'autre, les déficits d'expériences préalables. Au plan de l'intervention pédagogique, les uns et les autres ont des implications totalement opposées. Interpréter les difficultés de certains élèves comme des retards de

---

3. Jean-Paul Bronckart, « Développement, compétences et capacités d'action des élèves », dans J.-L. Chiss, J. Davis et Y. Reuter (éds.), *Didactique du français*, Paris, Nathan, 1995.

développement impose le « respect du rythme individuel de développement », soit des attitudes pédagogiques dites *attentistes* qui consistent à différer l'introduction de nouvelles notions ou de nouvelles procédures jusqu'au moment où l'on pense que l'élève se trouvera en mesure de les intégrer. Or, si ces difficultés relèvent d'un manque d'expérience cela revient à moins donner à ceux qui ont le plus besoin. Une approche en termes de « déficit » conduira à l'inverse à renforcer l'intervention auprès des plus faibles.

La conception sociocognitive du développement cognitif déplace le foyer de l'apprentissage de l'apprenant vers l'interaction adulte-apprenant. Mode particulier d'interaction sociale, l'enseignement (scolaire ou familial) est vu comme un médiateur incontournable de l'acquisition des connaissances : *l'enfant apprend parce qu'on l'instruit.* L'instruction (scolaire ou familiale) est en particulier déterminante pour l'ensemble des savoirs ou savoir-faire fondamentaux : la lecture, l'écriture, les opérations numériques, la résolution de problèmes, les stratégies d'apprentissage... Les modalités d'enseignement ont elles-mêmes une influence dans le niveau atteint par les enfants, en d'autres mots : *l'enfant apprend « comme » on l'instruit.* C'est ainsi qu'on pourrait interpréter les différences d'ordre social et les constats expérimentaux nombreux qui montrent que les enfants peuvent aller au-delà de ce qu'ils sont capables de réaliser seuls lorsque certaines conditions sont respectées : des consignes claires, la réduction des contraintes, l'emploi d'un matériel familier ou attractif...

Les mécanismes cognitifs d'apprentissage

Les concepts et les modèles développés par la psychologie cognitive fournissent des réponses concrètes à la notion de *mécanismes d'apprentissage*, au moins pour un certain nombre de champs bien délimités. Alors que les représentations de l'apprentissage recueillies auprès d'enseignants [4] révèlent une conception de tendance « béhavioriste », centrée sur la performance finale et le rôle des facteurs contextuels ou affectifs (milieu, motivation), la

4. F. Marton, G. Dall'Alba et E. Beaty, « Conceptions of learning », *International Journal of Educational Research,* n° 19, 1993 ; Gillian M. Boulton-Lewis, Lynn Wilss et Sue Mutch, « Teachers as adult learners : their knowledge of their own learning and implications for teaching », *Higher Education,* n° 32, 1996.

psychologie cognitive situe le siège de l'apprentissage dans la façon dont l'élève traite l'information. Sa contribution potentielle à la connaissance de l'apprentissage chez l'individu peut être décrite en quatre points. Le premier point est central :

1) il existe un système cognitif dont on peut inférer l'organisation et le fonctionnement dans les apprentissages scolaires. Pour la psychologie cognitive, construire une « théorie » des apprentissages scolaires revient à identifier : les opérations en jeu dans une activité, le fonctionnement de chaque opération et les relations entre opérations, en particulier en termes de coût cognitif ; les connaissances nécessaires à l'apprenant et leur organisation en mémoire ; enfin, les procédures de traitement mobilisables et les conditions de mobilisation de ces procédures (= les stratégies).

Les trois autres points dérivent du premier :

2) le système cognitif se développe et présente des contraintes de traitement dépendant plus ou moins fortement du niveau de développement cognitif et des connaissances préalables de l'apprenant ;

3) les écarts de performances entre les élèves peuvent être rapportés à des différences d'ordre cognitif : quantité de connaissances, procédures, stratégies, automatisation... ;

4) une part déterminante des échecs dans les acquisitions scolaires peut être imputée à des dysfonctionnements ou des déficits d'ordre cognitif.

En cherchant à comprendre la nature et l'organisation des processus cognitifs qui contribuent à la construction des connaissances, la psychologie cognitive rejoint les préoccupations mises en avant aujourd'hui par les didactiques disciplinaires : comprendre comment l'élève acquiert, mémorise, transforme et produit des connaissances. Dans un certain nombre de domaines, en offrant un cadre théorique, des bases d'analyse et des pistes d'intervention, la psychologie cognitive peut contribuer de manière essentielle, sur le versant apprentissage, à la construction des savoirs didactiques et pédagogiques, savoirs qui participent à la définition des stratégies d'enseignement [5] (voir chapitre III).

---

5. Jean-François Halté, *Didactique du français*, Paris, PUF, 1992.

II – L'ÉVALUATION DES APPRENTISSAGES

Dans l'évaluation des apprentissages, la démarche qui consiste, généralement à l'issue du processus de formation, à confronter la performance finale à l'objectif visé caractérise l'*évaluation sommative*. Lorsqu'il s'agit d'« expliquer » la performance finale afin, par exemple d'élucider la nature des difficultés des élèves, il est nécessaire de procéder à l'évaluation du fonctionnement des composantes de l'activité selon une démarche d'*évaluation diagnostique* [6]. L'évaluation sommative intéresse depuis longtemps les psychologues pour ses répercussions sur les conduites cognitives et conatives de l'apprenant. Aujourd'hui, la psychologie semble en mesure d'apporter une contribution originale à l'évaluation diagnostique des difficultés et, indirectement, à la remédiation des apprentissages.

L'évaluation sommative : biais et enjeux

L'évaluation sommative est l'instrument utilisé par l'école pour classer, sélectionner ou certifier. Cette forme d'évaluation a une prétention d'objectivité que cherche à traduire l'usage des notes chiffrées. En fait, les études de docimologie (la science des examens et de la notation) ont depuis longtemps révélé que, loin d'être objective, la notation des copies est affectée par différents biais dont la psychologie sociale a précisé certains mécanismes [7].

D'abord, il est apparu que la note donnée à une copie est influencée par des paramètres totalement étrangers aux qualités de la copie ou de son auteur, mais tout à fait identifiables. Lorsqu'on organise une multicorrection, dans un contexte d'examen (réel ou simulé), on observe que la note reçue par une même copie anonyme varie en fonction : du correcteur, de la note reçue par les copies qui la précèdent immédiatement (effet de contraste) et de sa position dans le paquet [8]. De tels

---

6. On parle d'*évaluation formative* dès lors que les informations diagnostiques servent à orienter l'enseignement.

7. « Ce que la science des examens révèle, c'est que l'examen n'est pas une science », Henri Piéron, *Examens et Docimologie*, Paris, PUF, 1963.

8. Cet effet de position s'explique vraisemblablement par l'évolution du modèle de référence (= la copie idéale) chez le correcteur au long de la correction (M. Huteau, *op. cit.*).

phénomènes mettent en cause la fiabilité de la notation. S'ils ne permettent pas d'en condamner l'usage, ils soulignent la nécessité des dispositifs de contrôle (barèmes de correction, harmonisation des notes, double correction) et l'intérêt des épreuves standardisées.

L'évaluation sommative est également victime d'une « distorsion motivée [9] » des notes. Les facteurs en cause, toujours extérieurs à la copie elle-même, impliquent cette fois son auteur. Ainsi, il est apparu que la note d'une même copie varie selon ce qu'on a dit au correcteur sur : la note précédente de l'auteur, son niveau scolaire, la réputation de son établissement, son appartenance sociale [10]... Une analyse psychosociale isole trois phases dans le processus en cause. Dans un premier temps, les informations fournies activeraient chez l'évaluateur une représentation sociale et scolaire de l'auteur de la copie, représentation tirée d'une sorte de typologie des élèves construite par l'évaluateur au long de sa carrière. Dans un deuxième temps, la représentation activée induirait des attentes relatives à la qualité de la copie. Enfin, au cours de la correction, troisième temps, l'attitude du correcteur reviendrait à privilégier les aspects de la copie conformes à ses attentes : les aspects positifs en cas d'attentes positives, les aspects négatifs en cas d'attentes négatives. Ces effets d'attentes expliqueraient pourquoi les variations de notes ont tendance à confirmer la « cote » des établissements, la hiérarchie scolaire et la hiérarchie sociale [11].

À la lumière de ces observations, l'évaluation sommative peut être envisagée comme un processus de traitement des informations présentes dans la production de l'élève orienté par les connaissances ou croyances de l'enseignant sur cet élève. On pourrait dès lors penser que dans le fonctionnement habituel de la classe, soit en condition évidemment non anonyme, les élèves ne partent pas à armes égales

9. Charles Hadji, *L'Évaluation, règles du jeu*, Paris, ESF, 1995.

10. Georges Noizet et Jean-Paul Caverni, *Psychologie de l'évaluation scolaire*, Paris, PUF, 1978. La méthode employée consiste à demander l'évaluation d'une même copie à deux groupes de correcteurs en donnant à chaque groupe une information différente sur son auteur, par exemple : est scolarisé dans un lycée prestigieux *versus* un lycée de banlieue.

11. De la même façon, l'évaluation est sous l'influence des représentations liées au sexe : surestimation des garçons en mathématiques et des filles en français.

face à l'évaluation sommative, indépendamment de la valeur propre de leur travail. Indissociable du processus d'apprentissage, l'évaluation sommative est une composante complexe de la fonction éducative dont l'enseignant doit être averti des travers. Il doit ainsi être conscient d'un certain nombre de déterminismes psychosociaux pour pouvoir lutter contre : « D'un point de vue pratique [...], il ne s'agira donc pas de se former à des techniques infaillibles mais de créer les conditions qui éviteront un certain nombre de biais inhérents au fonctionnement mental ordinaire de l'évaluateur [12]. »

Si l'attention des enseignants doit être attirée sur la question de l'évaluation sommative, c'est aussi parce que les notes ont une fonction de renforcement dans le processus d'apprentissage. Les travaux de Monteil (voir chapitre II) démontrent combien sont actives dans la régulation des comportements d'apprentissage les évaluations antérieures dont les élèves ont été l'objet. Nombre d'observations confirment combien les sanctions négatives, *a fortiori* les échecs répétés, atteignent la personnalité de l'élève et engendrent, par des « effets d'engrenage », perte de confiance, désintérêt et fuite (ou agression).

Des modèles pour l'évaluation diagnostique

La précision et la pertinence des aides préventives ou curatives auprès des élèves dépendent, pour une part, de la précision et de la pertinence des informations diagnostiques. Dans l'analyse des difficultés, la valeur des évaluations dépend de leur capacité à mesurer, avec la plus grande précision possible, l'efficience des diverses composantes d'une activité. Aussi, des questions théoriques et méthodologiques complexes sont-elles posées à la construction des outils d'évaluation diagnostique. Une première contrainte implique qu'on dispose d'une description (analytique) la plus affinée possible des composantes de l'activité en cause (les connaissances et opérations mobilisées) et de leurs interrelations. Une seconde contrainte implique qu'on dispose d'une épreuve permettant d'explorer le fonctionnement cognitif du sujet dans l'activité afin d'identifier les opérations qui sont

12. Gérard Guingouain, « Les pièges de l'évaluation », dans A. Lieury et coll., *Manuel de psychologie de l'éducation et de la formation*, Paris, Dunod, 1996.

efficientes et celles qui sont inefficientes, les connaissances acquises et celles lacunaires, éventuellement le niveau des prérequis.

Les examens classiques, psychologiques ou scolaires, sont inadaptés aux exigences de l'évaluation diagnostique. À finalité principalement sommative, ils se limitent à mesurer le niveau de l'élève et à le situer par rapport à une population de référence (*évaluation normative*). Leur seule vertu pédagogique, certes cruciale, est d'informer du degré d'acquisition du programme. Hormis de rares occasions, où les erreurs sont interprétables avec une faible incertitude, les épreuves classiques donnent peu d'informations qui soient de nature à permettre la « compréhension » des difficultés. Or, seule une localisation affinée des déficits peut conduire à des actions de remédiation ciblées, c'est-à-dire adaptées à chaque individu et à la nature de ses difficultés. Prenons l'exemple de l'évaluation générale des élèves organisée à l'entrée au CE2 ou en sixième. S'il est important de savoir qu'un élève n'a pas atteint le niveau des compétences de base en lecture-compréhension, pour disposer de pistes d'intervention il est beaucoup plus utile de pouvoir rapprocher ses difficultés de compréhension, de son niveau de décodage, de vocabulaire, de traitement syntaxique… toutes composantes de la compréhension de l'écrit.

À l'opposé, les modèles construits par la psychologie cognitive constituent des supports appropriés à l'évaluation diagnostique. Puisque ces modèles spécifient des composantes ayant une fonction spécifique, ils permettent de construire des épreuves sollicitant l'une ou l'autre de ces composantes. En outre, ils fournissent une base théorique pour décrire et interpréter les erreurs. Ainsi, dans l'exemple de l'évaluation diagnostique des difficultés de lecture-compréhension, la référence à un modèle de psychologie cognitive va conduire dans un premier temps à mesurer, d'une part les capacités d'identification des mots, d'autre part le niveau de compréhension générale. À un second niveau d'analyse, l'évaluation va consister à examiner chacune des opérations élémentaires impliquées, soit dans l'identification des mots, soit dans la compréhension [13] (voir chapitre III et IV).

---

13. Jesus Alegria, Jacqueline Leybaert et Philippe Mousty, « Acquisition de la lecture et troubles associés », dans Jacques Grégoire et Bernadette Piérart (éds.), *Évaluer les troubles de la lecture*, Bruxelles, De Boeck, 1994.

Le développement des modèles cognitifs des activités scolaires est sans doute l'une des conditions de l'amélioration des pratiques d'évaluation diagnostique. L'approche diagnostique proposée par la psychologie cognitive a l'intérêt premier d'aborder les difficultés individuelles et les échecs dans l'apprentissage sur un plan fonctionnel en cherchant dans l'analyse cognitive de l'activité des données pour aider le sujet qui échoue. Malheureusement, pour l'heure, les outils d'évaluation diagnostique fondés sur une analyse des activités en composantes sont extrêmement rares malgré les efforts des psychologues cognitivistes ces dernières années [14].

Cela dit, il ne s'agit pas d'ignorer les limites de l'approche cognitive. D'une part, les modèles existants sont encore loin de faire toute la lumière sur l'organisation cognitive des activités scolaires. D'autre part, la description cognitive serait-elle complète qu'elle ne suffirait sans doute pas à éclairer la nature des difficultés scolaires, celles-ci renvoyant rarement à un facteur unique d'explication.

III – La remédiation des apprentissages

La présentation des méthodes de remédiation inspirées de la psychologie de l'éducation permet d'opposer deux modalités d'interventions. D'un côté, les méthodes de remédiation cognitive illustrant un courant qui se propose d'améliorer le fonctionnement cognitif général. De l'autre, une démarche d'intervention inspirée de la psychologie du traitement de l'information, dont l'objectif cette fois est d'améliorer les connaissances et les procédures spécifiques à un domaine particulier. Cette seconde approche sera illustrée ici par l'aide à la compréhension de textes écrits.

Les remédiations cognitives [15]

L'éducation cognitive

La remédiation de l'intelligence ou *éducation cognitive*, souvent présentée comme un courant récent, est en fait présente depuis

---

14. Jacques Grégoire (éd.), *Évaluer les apprentissages. Les apports de la psychologie cognitive*, Bruxelles, De Boeck, 1996.

15. E. Loarer, « L'éducabilité cognitive : repères historiques et enjeux actuels », *L'Orientation scolaire et professionnelle*, n° 21, 1, 1992.

longtemps dans l'éducation des enfants déficients mentaux. Elle connaît un intérêt réel en France depuis deux décennies parce qu'elle paraît offrir une réponse aux problèmes d'adaptation et de formation des jeunes et des adultes issus du système scolaire sans réelle qualification. Cette orientation sociale s'accompagne d'une extension de son champ d'application à l'ensemble des sujets qui présentent des difficultés ou des carences dans les apprentissages.

Le postulat fondamental des méthodes de remédiation cognitive est la conviction que l'intelligence humaine est éducable à tout âge (postulat d'*éducabilité cognitive*). Les difficultés intellectuelles des individus traduiraient un déficit de fonctionnement cognitif qui lui-même serait le résultat de carences d'éducation cognitive. Les méthodes de remédiation cognitive ont donc le projet de développer ou stimuler les fonctions cognitives des individus.

Principes des méthodes d'éducation cognitive

Bien que les fondements théoriques des méthodes d'éducation cognitive soient d'une grande diversité, Vygotsky, Bruner et Piaget sont les références communes les plus fréquemment citées. Les mécanismes du développement cognitif décrits par Piaget ont inspiré les « ateliers de raisonnement logique » (ARL) élaborés par Higelé [16]. La notion de « zone de proche développement », empruntée à Vygotsky, sous-tend différentes méthodes. Le « programme d'enrichissement instrumental » (PEI) mis au point par Feuerstein [17] vise à restaurer les fonctions cognitives déficientes grâce à la médiation d'un tuteur, démarche inspirée de Vygotsky et empruntée à Bruner. Dans l'interaction adulte-enfant, la médiation du tuteur permet de renforcer la motivation de l'enfant, d'expliciter les objectifs, de moduler les difficultés de la tâche, enfin d'attirer l'attention

16. Pierre Higelé, « Les activités de remédiation d'inspiration piagétienne », *Formation continue*, 88-89, 1987.

17. R. Feuerstein, *Les Différences de fonctionnement cognitif dans des groupes socio-ethniques différents : leur nature, leur étiologie et les pronostics de modifiabilité*, thèse de doctorat, Paris, Sorbonne, 1970.

de l'apprenant sur les caractéristiques essentielles de la tâche. Ce sont ces modalités d'intervention qu'il s'agit de transposer aux situations de remédiation.

L'éducation cognitive inverse la démarche classique d'apprentissage en donnant la priorité, sinon l'exclusivité, aux procédures de traitement des connaissances plutôt qu'aux connaissances elles-mêmes. Une telle conception de l'apprentissage est héritée de la théorie piagétienne selon laquelle la capacité à apprendre étant tributaire du niveau de développement des structures cognitives, tout progrès d'apprentissage passe par l'amélioration de l'efficience de ces structures. Reprenant cette logique, les démarches de remédiation vont consister à doter l'individu de procédures ou de techniques d'apprentissage d'ordre général et à négliger l'acquisition de connaissances ou d'habiletés propres à un domaine particulier.

Pour améliorer la gestion des processus de pensée, les méthodes d'éducation cognitive, très attachées à l'importance des facteurs métacognitifs, c'est-à-dire au contrôle intentionnel des comportements, se préoccupent de faire prendre conscience au sujet des caractéristiques de son propre fonctionnement mental. L'une des pistes est de favoriser l'installation d'un contrôle volontaire des activités cognitives et la planification des actions plutôt que les actions proprement dites. C'est à ce niveau que l'intervention du médiateur est cruciale. C'est lui qui doit créer les conditions permettant le contrôle et la régulation du fonctionnement cognitif par le sujet lui-même. Enfin, des répercussions de l'amélioration des compétences cognitives du sujet sont également attendues sur le plan conatif : renforcement de la motivation, amélioration de l'estime de soi, élévation du besoin de réussite, sociabilité accrue…

L'évaluation de l'éducation cognitive

L'éducation cognitive a au moins deux enjeux. L'un, social, a trait à l'élévation du niveau scolaire. L'autre, théorique, reprend les hypothèses de l'éducation cognitive quant à la possibilité d'amélioration des capacités intellectuelles par l'acquisition d'outils d'apprentissage efficaces et transférables. La réalité des effets des méthodes de remédiation cognitive apparaît en fait très discutable. Il s'avère en outre que les évaluations objectives et usant d'une méthodologie rigoureuse font souvent défaut [18].

Des évaluations françaises du PEI rapportent des effets modestes qui varient selon la méthode d'analyse employée [19]. Les principaux résultats recueillis dans l'étude de Loarer et coll. font état de quelques effets immédiats en faveur du groupe PEI. Ces effets sont modérés sur les performances aux tests d'intelligence et inexistants sur les acquisitions scolaires et professionnelles. En outre, le transfert des acquisitions à des situations différentes de celles utilisées par la méthode apparaît très limité et peu résistant à l'épreuve du temps. Enfin, les attitudes et conduites conatives n'évoluent pas significativement.

Dans le cas du PEI, la faiblesse du transfert des acquisitions et l'amélioration des performances aux tests d'intelligence s'expliquent l'une et l'autre par la circularité de la méthode : les exercices d'entraînement inspirés des tests d'intelligence facilitent, en retour, la résolution des tests eux-mêmes. Plus gênant est le constat que les progrès les plus forts sont le fait des sujets qui obtenaient les meilleures performances initiales. Ce résultat démontre que les procédures cognitives sont mieux apprises et mobilisées lorsqu'elles portent sur des contenus déjà disponi' les chez le sujet. Il témoigne de l'influence du niveau de connaissances préalables sur les apprentissages ultérieurs, phénomène clairement mis en évidence par la psychologie cognitive. Or, l'un des postulats essentiels sur lequel s'appuie le PEI est précisément la négation du rôle des connaissances préalables dans l'acquisition de connaissances nouvelles.

L'amélioration de la compréhension de texte écrit

Dans une activité aussi décisive que la compréhension de l'écrit, les possibilités de remédiation des difficultés ont un intérêt crucial.

---

18. Évaluer une méthode impose en particulier qu'on compare les sujets expérimentaux (méthode nouvelle) à des sujets contrôle (méthode classique). Le groupe contrôle sert à vérifier que les éventuels progrès du groupe expérimental ne résultent pas d'un effet lié à la situation expérimentale, comme le simple fait d'être sujet d'expérience et, en outre, que ces progrès sont bien supérieurs à ceux d'individus non entraînés.

19. Rosine Debray et Bernard Douet, « La "réanimation cognitive" à la préadolescence », *Psychologie française*, n° 34-4, 1989.

Peut-on, et si oui comment, intervenir pour améliorer les performances ? La conception interactive de la compréhension de l'écrit, un lecteur, un texte (voir chapitre III) suggère l'existence de deux voies complémentaires d'intervention susceptibles d'aider les faibles compreneurs. L'une porte sur le texte. L'autre concerne les connaissances, procédures et attitudes du lecteur lui-même.

Les interventions centrées sur le texte

Des modifications plus ou moins profondes peuvent être apportées au texte afin d'en améliorer la lisibilité. Les difficultés peuvent provenir de certaines modalités de rédaction plus complexes à traiter que d'autres. Aussi, une première forme d'intervention est de procéder, si nécessaire, à une simplification de la formulation linguistique, touchant la structure et la longueur des phrases, le vocabulaire, les marques de cohésion…

Le domaine de connaissances abordé par le texte peut être méconnu ou insuffisamment connu du lecteur. Il paraît alors nécessaire, et cela d'autant plus que le lecteur est moins expert, de procéder à une simplification des contenus, de façon à réduire la quantité d'informations nouvelles. Il est également important que la cohérence et l'organisation des contenus soient clarifiées. Un texte est d'autant plus compréhensible qu'il comporte un thème clairement signalé à l'aide d'un titre ou d'un bref résumé. De même, les sous-thèmes abordés dans chaque paragraphe devront faire l'objet d'une introduction ou amorce annonçant le développement à venir. Thème, sous-thèmes et organisation d'ensemble peuvent être rendus saillants à l'aide de titres, sous-titres ou questions insérés dans le texte. Enfin, la mise à disposition du lecteur d'un plan préalable plus ou moins détaillé, destiné à faire ressortir l'organisation globale du texte, est une technique fort utile dans la mesure où elle favorise l'intégration des informations. L'introduction d'illustrations, de schémas, de tableaux accompagnant le texte facilite également le traitement de la signification.

Les simplifications rédactionnelles et thématiques ne suffisent pas toujours. Une assistance peut être apportée à la gestion des opérations de structuration et de hiérarchisation des informations. En utilisant les techniques modernes de traitement de texte (police de caractères, gras, italique, soulignement, etc.), il s'agit d'attirer l'attention du lecteur sur certaines parties du texte et l'inciter à traiter certains passages ou énoncés de manière plus approfondie. Cette manipulation s'avère bénéfique si le lecteur prend en compte les signaux typographiques et si son attention, attirée sur certaines informations, ne se détourne pas des autres…

L'utilité de ces diverses modalités d'intervention est incontestable. Toutefois, leur emploi systématique peut induire, à terme, une relative passivité du lecteur et nuire au développement de ses propres capacités de traitement. C'est la raison pour laquelle ces formes d'aides doivent être provisoires, évolutives et accompagnées d'interventions destinées à l'instruction du lecteur.

Améliorer le décodage

Si un lecteur ne comprend pas un message écrit alors qu'il y parvient lorsque ce message est présenté oralement, il est légitime de supposer que les difficultés qu'il rencontre sont spécifiques à l'écrit et n'impliquent pas le fonctionnement cognitif global. Un déficit du décodage est alors la première hypothèse à retenir. Effectivement, il s'avère qu'un nombre important des faibles compreneurs sont systématiquement moins rapides et moins précis que les lecteurs normaux dans les tâches d'identification des mots. Faute d'avoir automatisé des procédures de décodage efficaces, ils se mobilisent pour le décodage au détriment de la compréhension du texte, tout en laissant un certain nombre de mots mal ou non identifiés. Une faiblesse dans l'identification des mots se révèle d'ailleurs d'autant plus fâcheuse que le texte est plus complexe à lire ou à comprendre.

Toute tentative d'aide à la compréhension en lecture doit ainsi se préoccuper des capacités d'identification des mots du lecteur. Si les activités fonctionnelles de lecture sont cruciales pour amener des progrès, elles peuvent ne pas suffire. Certes, c'est en lisant et en lisant encore que le lecteur perfectionne ses mécanismes de conversion grapho-phonologique et améliore sa reconnaissance des mots, mais les pratiques de lecture peuvent être inefficaces avec les faibles lecteurs parce que ces derniers se détournent d'une activité que leurs faibles capacités de décodage rendent pénible et frustrante. Le recours à des exercices formels centrés sur la connaissance des correspondances grapho-phonologiques et l'acquisition du lexique peut donc se révéler nécessaire. Aussi, l'intervention pédagogique doit-elle chercher à faire lire plus pour lire mieux, mais aussi lire mieux pour lire plus.

Accroître la base de connaissances

La richesse et l'organisation des connaissances thématiques disponibles chez le lecteur sont un paramètre crucial de la compréhension. Il convient donc, en premier lieu, d'aider le lecteur à enrichir sa base de connaissances ou de pallier directement ses méconnaissances. L'apport d'informations en rapport avec le thème abordé dans le texte peut se faire sous la forme de cours, de discussions, d'exposés, d'illustrations... Fournir un résumé préalablement à la lecture du texte est une méthode efficace qui a l'avantage de guider à la fois l'intégration et l'organisation des contenus.

L'enseignement des stratégies de compréhension

Accroître le contrôle des lecteurs sur le déroulement de l'activité est un axe essentiel. Par exemple, les faibles compreneurs n'ont pas toujours pleinement acquis l'idée que leurs connaissances doivent être utilisées pour interpréter les informations du texte. Ils peuvent également ignorer certaines « techniques » d'aide à l'analyse des textes. La simple relecture, partielle ou complète, peut être négligée. Il paraît donc indispensable de s'assurer que le lecteur faible compreneur dispose de procédures et de stratégies de gestion de la compréhension et, dans le cas contraire, de les lui enseigner.

Diverses procédures ont été répertoriées qui entraînent une amélioration de la compréhension : clarifier l'objectif du texte, activer ses propres connaissances et les relier aux informations du texte, évaluer la cohérence du texte, faire des prédictions et des inférences. Parmi ces stratégies, la mise en relation des connaissances du lecteur et des informations du texte et la hiérarchisation des informations ont un rôle majeur. Deux activités menées parallèlement à la lecture peuvent être enseignées pour en faciliter la mise en œuvre et le contrôle. L'une, la moins intrusive, est la *prise de notes* au cours de la lecture, activité destinée à repérer la structure du texte, la hiérarchie et l'articulation des idées, les mots clés... Une autre piste est l'*auto-questionnement* à propos de l'idée principale du texte, des sous-thèmes, des relations entre les énoncés... Dans ce but, le lecteur est incité à interrompre la lecture à la fin de chaque paragraphe, à se questionner (quand ? qui ? où ? pourquoi ?), voire à élaborer un court résumé avant de poursuivre. C'est ce qu'a développé une étude de Brown et ses collaborateurs [20] dans laquelle l'apprentissage se déroulait, en partie, en interaction entre élève et adulte, chacun jouant à tour de rôle l'enseignant et l'apprenant. Les tâches d'entraînement consistaient à résumer chaque paragraphe à l'issue de la lecture, à deviner une suite plausible, à poser, à la place du maître, les questions de compréhension pertinentes, à tirer des conclusions... En outre, le lecteur était incité à porter attention aux informations fournies par le texte, par exemple en distinguant les informations importantes et l'information triviale, ou à évaluer la cohérence interne du texte.

Dans l'ensemble, les apprentissages de la gestion de la compréhension induisent des améliorations importantes. Pourtant, nombreux sont les sujets qui abandonnent les procédures apprises ou ne les transfèrent pas à des situations différentes. C'est notamment le cas des enfants qui ne perçoivent pas l'intérêt lié à l'emploi d'une nouvelle procédure. Or, l'enseignement de procédures ou de stratégies ne semble avoir d'effet que dans la mesure où celles-ci sont consciemment perçues comme efficaces par le sujet. Le recours au *feed-back*, ou information en retour, peut être une manière de répondre à ce problème. Un *feed-back* relatif au niveau de performance atteint par le sujet et soulignant les progrès réalisés par rapport à la phase initiale devrait accompagner toute tentative d'implantation d'une nouvelle stratégie.

L'influence des conduites conatives

Généralement conscients de leurs difficultés de compréhension, les faibles compreneurs se montrent fréquemment incapables d'en

20. A.L. Brown, A.S. Palincsar et B.B. Ambruster, « Instructing comprehension-fostering activities in interactive learning situations », dans H. Mandl, N.L. Stein et T. Trabasso (éds.), *Learning and Comprehension of Text.*, Hillsdale, NJ, Lawrence Erlbaum, 1984.

identifier les causes. Certains les attribuent à des facteurs externes, tels la typographie, le vocabulaire, la syntaxe ou « tout simplement » la difficulté de la tâche. À l'inverse, d'autres attribuent leurs difficultés à des causes internes : le manque d'efforts, de méthode, d'attention, etc. Il est apparu que l'orientation des attributions pouvait affecter l'acquisition et l'utilisation de stratégies de compréhension. C'est ce que révèle une étude de Borkowski, Carr et Weyhing [21] réalisée avec des élèves de 10 à 14 ans qui avaient deux ans de retard en compréhension. Les auteurs ont entraîné les enfants à utiliser des stratégies cognitives de compréhension (questionnement, retour en arrière, recherche en mémoire, vérification...). Pour une partie des sujets, ils sont également intervenus sur les conduites conatives en incitant les élèves à attribuer leurs réussites et leurs échecs à des facteurs internes, en mettant l'accent sur l'échec d'une procédure non pertinente et, à l'inverse, sur l'efficacité d'une procédure appropriée et en soulignant les efforts individuels qui ont permis sa découverte et sa mise en œuvre.

Les résultats montrent que l'apprentissage des stratégies est meilleur chez ces sujets que chez d'autres entraînés aux seules stratégies cognitives, ce qui tend à signifier que les stratégies métacognitives sont mieux apprises lorsque l'enseignement prend en compte les attributions causales des sujets. L'intérêt général de cette étude est de souligner qu'une intervention d'aide cognitive auprès d'individus en échec ne peut négliger l'influence des facteurs conatifs.

Conditions d'enseignement

Les travaux expérimentaux explorant les pistes qui viennent d'être tracées fournissent des données confirmant qu'il est possible de faire maîtriser, automatiser et généraliser des stratégies par des sujets qui ne les utilisent pas spontanément. Pour certaines d'entre elles (relecture systématique, retours occasionnels en arrière), la tâche de l'enseignant est assez simple. Dans d'autres cas, l'enseignement

21. J.G. Borkowski, W.S. Weyhing et M. Carr, « Effects of attributional retraining on strategy-based reading comprehension in learning-disabled students », *Journal of Educational Psychology*, n° 80, (1), 1988.

est long et gagnerait à être conduit au cours de la scolarité entière, et dans le cadre des différentes disciplines. Il est en effet utile de confronter les procédures de compréhension à des objectifs de lecture ou des niveaux de compréhension variés en diversifiant les types de textes et la nature des informations à traiter.

L'enseignement par les textes écrits doit finalement conjuguer deux objectifs quelque peu contradictoires : d'une part, faciliter le traitement des textes pour assurer la réussite de la compréhension et l'efficacité de la prise d'informations ; d'autre part, développer l'autonomie du lecteur dans la gestion de sa lecture. Ces deux contraintes doivent converger dans un choix de textes qui permettent d'apporter de l'information et éventuellement de solliciter des procédures particulières de compréhension, tout en restant « gérables » par le lecteur. Il s'agit d'assurer la progression d'un *optimum de complexité* des textes en appréciant le niveau de contraintes que peuvent supporter les lecteurs, sachant que ce niveau peut varier fortement entre les individus, même au sein d'une même classe.

IV – La psychologie, science ressource

La psychologie peut décrire, expliquer et prédire certaines conduites d'apprentissage ou associées à l'apprentissage chez l'individu. Elle peut préciser dans quelles conditions des difficultés d'apprentissage peuvent survenir et participer à l'évaluation et à la remédiation des problèmes. Finalement, elle peut aider à concevoir ou à repenser certains dispositifs d'enseignement. En revanche, la psychologie n'a ni vocation ni légitimité à prescrire des orientations ou des méthodes précises. C'est ce qu'exprime le statut de *science ressource* : la psychologie établit des bases à partir desquelles l'enseignant peut fonder sa réflexion et son action mais la définition des orientations didactiques et des méthodes pédagogiques reste extérieure à son champ.

L'influence de la psychologie sur l'éducation est nécessairement limitée pour des raisons de *validité écologique*, c'est-à-dire qui tiennent au caractère artificiel et réducteur des données scientifiques par rapport aux événements (naturels) de la classe. Les contraintes imposées par la démarche scientifique, spécialement par le contrôle expérimental, doivent ainsi conduire à rejeter *l'applicationnisme*, c'est-à-dire l'application directe des conclusions de la recherche et, au contraire, à se montrer prudent (ce qui ne signifie pas opposé) quant à la transposition de ces conclusions aux différents contextes scolaires. Les modèles de psychologie cognitive sont à cet égard particulièrement concernés. Ces modèles peuvent recevoir la double objection, d'une part, d'isoler la cognition des aspects affectifs, conatifs et sociaux et, d'autre part, d'être élaborés à partir de données recueillies dans des conditions « non scolaires » [22]. Il doit donc être bien compris qu'on ne peut assimiler le sujet expérimental à l'élève.

Le rôle des travaux de psychologie de l'éducation ne se limite pas à fournir des données fondamentales à l'éducation. Par leur rigueur méthodologique, ils peuvent contribuer à la validation scientifique des méthodes pédagogiques. Personne ne peut contester que les questions d'éducation méritent un minimum de garantie scientifique. Le problème est d'ailleurs particulièrement crucial s'agissant des difficultés d'apprentissage et de leur remédiation. Il existe ainsi des cas critiques où les données psychologiques infirment les présupposés théoriques des méthodes d'enseignement. À titre d'exemple, dans le domaine de la lecture, les études menées chez le lecteur habile ont invalidé les méthodes tentant de remédier aux problèmes de lecture en intervenant sur la taille de l'empan visuel ou l'amplitude des saccades oculaires. On peut rappeler aussi que ce sont les principes sous-tendant les méthodes de lecture dites « globales » qui ont impulsé les travaux sur le traitement visuel de l'écrit et qui ont indirectement contribué au développement de la connaissance scientifique de la lecture. En définitive, il peut s'installer une sorte d'« interpellation réciproque » [23] entre psychologie et enseignement dont les deux pôles peuvent tirer profit.

---

22. Il est vrai que le traitement de l'information dans la classe ne s'effectue pas individuellement, dans des conditions optimales d'attention, face à un adulte « neutre et bienveillant », enfin à l'écart de parasitages visuels ou acoustiques, toutes conditions optimisées dans les contextes expérimentaux.

23. Daniel Gaonac'h, *Théories d'acquisition des langues étrangères*, Paris, PUF, 1991.

La confrontation des méthodes pédagogiques aux données de la recherche est une source de réflexion épistémologique qui peut permettre à l'enseignant de se garantir des dérives idéologiques dont l'école est parfois victime. Si elle doit éviter l'applicationnisme, la pédagogie doit aussi se garder de l'exploitation « aveugle » de méthodes ou de techniques non validées par la recherche scientifique. À cet égard, on peut être frappé par l'étonnante perméabilité de l'institution scolaire à des idées ou des techniques dont la seule caution scientifique est l'attrait intellectuel. La distinction « auditif/visuel » est un modèle du genre. Cette hypothèse à caractère « psychologique », vieille comme l'école [24], a été popularisée récemment dans le champ de l'éducation et de la formation comme une piste majeure de différenciation pédagogique, alors qu'elle ne bénéficie d'aucun étayage scientifique [25]. De même, il est utile de méditer sur les « contrevérités flagrantes » [26] diffusées dans la formation des enseignants à propos, entre autres, des mouvements oculaires ou du rôle de la phonologie dans la lecture. En conclusion, s'il existe des limites à la portée scolaire des informations produites par la recherche, l'approche scientifique de l'éducation que propose la psychologie est un gage de rigueur, d'esprit critique et d'indépendance.

---

24. Paul Lapie, *Pédagogie française*, Paris, Félix Alcan, 1926.

25. Alain Lieury, *Mémoire et réussite scolaire*, Paris, Dunod, 1993.

26. José Morais, « Décodage et compréhension », dans L. Sprenger-Charolles, M. Fayol et J.-P. Jaffré (éds.), *Lecture-Écriture-Acquisition*, Actes de la Villette, Paris, Nathan, 1993.

CONCLUSION

La psychologie entretient avec l'éducation des relations anciennes et intimes. Longtemps, elle a pu être présentée, par les psychologues eux-mêmes, comme la science fondamentale de l'éducation scolaire. Aujourd'hui, pour des raisons qui tiennent à l'expansion des recherches dans les deux domaines, la nature des rapports entre la psychologie et l'éducation se pose différemment. D'un côté, les Sciences de l'éducation et les didactiques disciplinaires se sont progressivement établies comme d'authentiques sciences de l'enseignement. Dans le même temps, ainsi qu'en témoigne l'ensemble des concepts, modèles et données rassemblés dans les chapitres précédents, la psychologie a diversifié et approfondi son intérêt pour l'éducation.

Bien que nécessairement sélectif, l'ouvrage souligne la diversité des pistes entreprises. Il fait également apparaître les lacunes qui subsistent dans un certain nombre de domaines centraux et qui, pour une part, tiennent à la nature des données psychologiques. De fait, la plupart des travaux relatés ont pris corps dans le cadre de la psychologie générale et des diverses spécialités de la psychologie caractérisant plutôt une psychologie *pour* l'éducation. Une voie de réponse peut se trouver dans l'avènement, ou plutôt l'affirmation, d'une authentique psychologie *de* l'éducation dont les travaux s'inscrivent dans la singularité et la diversité des situations scolaires, sans rien céder au plan de la rigueur méthodologique, ce qui souligne l'ampleur de la tâche.

Conclusion

Se situant largement au-delà du champ de l'ancienne psychopédagogie, la psychologie de l'éducation est désormais productrice de connaissances qui intéressent directement les compétences didactiques et pédagogiques des enseignants. Les développements courants des savoirs en éducation ont rendu singulièrement plus difficiles et insécurisantes tant la formation à l'enseignement que la fonction d'enseignement elle-même, en multipliant les bases de décision. Dans un secteur où les références sont en continuelle évolution, la psychologie de l'éducation aide à l'analyse et à la prise de décision. Par son approche scientifique des phénomènes d'éducation, elle peut aussi être l'un des vecteurs de la sensibilisation à la recherche, qu'après Piaget et bien d'autres, le discours officiel sur l'éducation désigne comme une des composantes de la professionnalité enseignante.

Naturellement, la contribution de la psychologie à la réflexion et à l'action éducatives est subordonnée à la diffusion de ses travaux et, corollairement, à la place qu'on voudra bien lui accorder dans la formation initiale et continue des enseignants.

INDEX DES NOTIONS

BIBLIOGRAPHIE

BACCINO, T et COLÉ, P., *La Lecture experte*, Paris, PUF, coll. « Que sais-je », 1995.

BADDELEY, A., *La Mémoire humaine. Théorie et pratique*, Grenoble, PUG, 1993.

BASTIEN, C., *Les Connaissances de l'enfant à l'adulte*, Paris, Dunod, 1997.

BIDEAUD, J., HOUDÉ, O. et PÉDINIELLI, J.-L., *L'Homme en développement*, Paris, PUF, 1993.

BIDEAUD, J., MELJAC, C. et FISCHER, J.-P. (éds.), *Les Chemins du nombre*, Lille, PUL, 1991.

DOISE, W. et MUGNY, G., *Psychologie sociale et développement cognitif*, Paris, A. Colin, 1997.

EHRLICH, M. F., *Mémoire et compréhension du langage*, Lille, PUL, 1994.

FAYOL, M., *L'Enfant et le nombre*, Neuchâtel-Paris, Delachaux et Niestlé, 1990.

FAYOL, M., *Des idées au texte. Psychologie cognitive de la production verbale, orale et écrite*, Paris, PUF, 1997.

FAYOL, M. et coll., *Psychologie cognitive de la lecture*, Paris, PUF, 1992.

GAONAC'H, D. et GOLDER, C. (éds.), *Manuel de psychologie pour l'enseignement*, Paris, Hachette, 1995.

GOLDER, C. et GAONAC'H, D., *Lire et comprendre, Psychologie de la lecture*, Paris, Hachette, 1998.

GOMBERT, J.-E., *Le Développement métalinguistique*, Paris, PUF, 1990.

GRÉGOIRE, J. (éd.), *Évaluer les apprentissages : les apports de la psychologie cognitive*, Bruxelles, De Boeck, 1996.

GRÉGOIRE, J. et PIÉRART, B. (éds.), *Évaluer les troubles de la lecture. Les nouveaux modèles théoriques et leurs implications diagnostiques*, Bruxelles, De Boeck, 1994.

HUTEAU, M., *Manuel de psychologie différentielle*, Paris, Dunod, 1995.

JAMET, E., *Lecture et réussite scolaire*, Paris, Dunod, 1997.

LECOCQ, P., *Apprentissage de la lecture et dyslexie*, Liège, Mardaga, 1991.

LIEURY, A., *Mémoire et réussite scolaire*, Paris, Dunod, 1993.

LIEURY, A., *Manuel de psychologie de l'éducation et de la formation*, Paris, Dunod, 1997.

LOARER, E., CHARTIER, D., HUTEAU, M. et LAUTREY, J., *Peut-on éduquer l'intelligence ? L'évaluation d'une méthode d'éducation cognitive*, Berne, Peter Lang, 1995.

MONTEIL, J.-M., *Éduquer et former : perspectives psychosociales,* Grenoble, PUG, 1989.

MORAIS, J., *L'Art de lire*, Paris, O. Jacob, 1994.

PIAGET, J., *Psychologie et pédagogie*, Paris, Denoël, 1969.

PIAGET, J., *Où va l'éducation ?*, Paris, Denoël-Gonthier, 1972.

PIAGET, J., *De la pédagogie*, Paris, O. Jacob, 1998.

REUCHLIN, M., *Les Différences individuelles à l'école*, Paris, PUF, 1991.

RICHARD, J.-F., *Les Activités mentales. Comprendre, raisonner, trouver des solutions*, Paris, A. Colin, 1990.

RIEBEN, L., FAYOL, M. et PERFETTI, C. (éds.), *Des Orthographes et leur acquisition,* Lausanne-Paris, Delachaux et Niestlé, 1997.

VERGNAUD, G. (éd.), *Apprentissages et didactiques. Où en est-on ?*, Paris, Hachette, 1995.

VYGOTSKY, L.S., *Pensée et langage,* Paris, éditions sociales, 1985.

WEIL-BARAIS, A. et coll., *L'Homme cognitif,* Paris, PUF, 1993.

TABLE DES MATIÈRES

Imprimé en France, **sur les presses de l'Imprimerie Hérissey à Évreux (27000)**
N° d'éditeur : 10121283 - Dépôt légal : Juin 2005 - N° d'impression : 98749

Jean-Noël FOULIN
Maître de conférences à l'IUFM d'Aquitaine

Serge MOUCHON
Maître de conférences à l'université de Paris V

PSYCHOLOGIE DE L'ÉDUCATION

Introduction de Michel Fayol

Professeur de psychologie, directeur du LAPSCO/CNRS, université de Clermont-Ferrand 2

Ouvrage publié sous la direction de
René La Borderie

NATHAN

Dans la même collection, série éducation

Franc Morandi, *Modèles et méthodes en pédagogie*
Jean-Louis Auduc, *Les institutions scolaires et universitaires*
René La Borderie, *Lexique de l'éducation*
Franc Morandi, *Professeur des écoles.*
Tome 1 : *Entrer à l'IUFM*
Franc Morandi, *Professeur des écoles.*
Tome 2 : *Préparer et passer le concours*
René La Borderie, Jacques Paty, Nicolas Sembel, *Les Sciences cognitives en éducation*
Franc Morandi, *Philosophie de l'éduction*
René La Borderie, *Les grands noms de l'éducation*
Jacques Perriault, *Éducation et nouvelles technologies*
Anne Barrère, Nicolas Sembel, *Sociologie de l'éducation*
Franc Morandi, *Pratiques et logiques en pédagogie*

Conception couvertures : Arnaud Lhermitte

ISBN : 2-09-121901-0